SPICE KITCHEN

SPICE KITCHEN

Einfach gut gewürzt

Hölker Verlag

SPICE KITCHEN
INHALT

Indien

15 **MASOOR DAL** mit Paneer
16 **CHICKEN BIRYANI**
19 **MADRAS FISCHCURRY**
20 **LAMM VINDALOO**
23 **VEGETARISCHES THALI**

30 **SHAKSHUKA**
33 **MALAWACH-FLADENBROTE**
34 **SHAWARMA STYLE CHICKEN** mit israelischem Couscous und Labneh
37 **FALAFELN** mit Tahina-Soße
38 **LAMM-KUFTA** mit Hummus

Israel

45 **BURRATA** mit halbgetrockneten Tomaten
46 **SPARGEL** im Prosciutto-Mantel
49 **SPINAT-GNOCCHI** mit Salbei-Nuss-Butter
50 **PIZZA BIANCA** mit Salsiccia und Peperoni
53 **OSSOBUCO-RAGOUT** mit Gremolata

Italien

Japan

58 **NEGIMA-YAKITORI-SPIESSE**
61 **WASABI-SUSHI-ROLLEN** mit Soja-Dip
62 **MISOSUPPE** mit Shiitakepilzen und Pak Choi
65 **SCHWEINEFLEISCH-GYOZA** mit Chili-Dip
66 **PULLED SALMON RAMEN**

Marokko

73 **BRIOUATS** mit Ziegenkäsefüllung und Gewürzhonig

74 **COUSCOUSSALAT** mit Harissa-Garnelen

77 **THUNFISCH-SPIESSE** auf Orangensalat

78 **HARIRA** mit Lamm

81 **RINDFLEISCH-TAJINE** mit Aprikosen

Mexiko

86 **GEGRILLTE MAISKOLBEN**

89 **GARNELEN-TACOS** mit Papaya-Salsa

90 **BOHNEN-TOSTADAS** mit Guacamole

93 **TACOS** mit knusprigem Schweinefleisch und Ananas

94 **BEEF STEW**

Spanien

101 **GEMISCHTE TAPAS**

102 **TORTILLA** mit Serrano-Schinken

105 **WOLFSBARSCH** mit Runzelkartoffeln und Mojo verde

106 **KICHERERBSEN-TOPF** mit Chorizo

109 **PAELLA** mit Garnelen und Merguez

Thailand

114 **MANGO-GURKEN-SALAT**

117 **HACKFLEISCHSALAT** mit Möhren und Spitzkohl

118 **KOKOSSUPPE** mit Huhn

121 **GEBRATENE NUDELN**

122 **ROTES THAI-CURRY**

Türkei

129 **ROTE LINSENSUPPE** mit Möhren und Kartoffeln

130 **ZUCCHINI-MÖHREN-PUFFER** mit Cacık

133 **LAUCH-KÄSE-PIDE**

134 **ŞİŞ KEBAB** mit türkischem Tomatensalat und marinierten Zwiebeln

137 **GEFÜLLTE AUBERGINEN**

Vietnam

142 **SOMMERROLLEN** mit Hoisin-Erdnuss-Dip

145 **VEGETARISCHE PANCAKES**

146 **LAUWARMER NUDELSALAT** mit Rindfleisch

149 **BANH-MI-BAGUETTES** mit Nem-Nuong-Fleischbällchen

150 **PHO** mit Rindfleisch

MIT 5 GEWÜRZEN UM DIE WELT
VORWORT

Lieben auch Sie marokkanische Tajine, indisches Chicken Biryani, japanische Ramen-Suppe oder mexikanische Tacos? Dann aufgepasst: Hier bekommen Sie gleich zehn der beliebtesten Länderküchen in einem Buch serviert. Klingt kompliziert? Ist aber ganz einfach!

Für ein authentisches Geschmackserlebnis haben wir ein geniales Konzept entwickelt: Mit jeweils fünf Schlüsselgewürzen wird der Einstieg in die Länderküchen zum Kinderspiel. Diese prägen den Charakter der Gerichte des jeweiligen Landes nachhaltig und sorgen für die typischen, allseits geliebten Aromen. So gelingen vietnamesische Pho-Suppe, rotes Thai-Curry oder israelische Falafeln auch zuhause einfach perfekt. Jeweils fünf Gerichte pro Land geben einen kleinen Einblick in „Cucina italiana", „Cocina española" und Co. und lindern mit unvergleichlichen Aromen garantiert das Fernweh bis zum nächsten Urlaub.

Viel Spaß beim Kochen
MARTIN KINTRUP

Gemüse, Obst, Kräuter und Salat vor der Verwendung stets gut waschen und trocken tupfen.

Sofern nicht anders angegeben, werden Zutaten im Backofen auf der mittleren Schiene gegart. Die Temperaturangaben beziehen sich auf Ober-/Unterhitze.

SO DUFTET

INDIEN

Bunt, vielfältig und immer wieder überraschend anders: Indische Gewürzküche ist wie das Land selbst ein ganzer Geschmackskontinent. Unvergleichlich eigen von chilischarf bis zimtwürzig und kurkumagelb. Ein Fest für Augen, Gaumen und alle Sinne gleichermaßen – und nicht zuletzt für alle, die fleischlos genießen wollen.

★ LAMM VINDALOO

★ MASOOR DAL *mit Paneer*

★ VEGETARISCHES THALI

MADRAS FISCHCURRY ★

★ CHICKEN BIRYANI

GEWÜRZE

Nelken

... werden in Europa vielfach mit Lebkuchen und anderem Weihnachtsgebäck in Verbindung gebracht und verfügen über ein unverwechselbares Bouquet. Grund dafür ist der außergewöhnlich hohe Anteil an ätherischen Ölen. Ursprünglich von den indonesischen Molukken stammend, gehören sie in Indien zu vielen Gewürzmischungen. Ihr warmes, pfeffrig-holziges Aroma ist wichtiger Bestandteil der berühmten Garam-Masala-Mischung.

Curryblätter

... werden vor allem in der südindischen Küche als aromatische Ergänzung von Dals und Currys genutzt. Frisch oder getrocknet in Ghee angebraten, verleihen sie Gerichten ein nussig-rauchiges Aroma. Wer mag, kann Mini-Exemplare des indischen Currybaums mit wenig Aufwand selbst auf der Fensterbank kultivieren – denn frisch schmecken die Blättchen am intensivsten.

Kurkuma

... ist eines der wichtigsten Gewürze in der indischen Küche – und wohl auch das sichtbarste: Das leuchtend gelbe Pulver verleiht Currymischungen ihre auffällige Farbe. Gewonnen wird es aus der getrockneten Kurkuma-Wurzel und steuert neben dem Gelbton auch einen würzigen, scharf-bitteren Geschmack bei.

Kardamom

... stammt in der grünen Version ursprünglich aus Südwestindien. Verwendet werden vornehmlich die getrockneten Samenkapseln dieses Ingwergewächses. Die Kapseln können entweder als Ganzes eingesetzt oder kurz vor Gebrauch geöffnet und die Samen in einem Mörser zerrieben werden; das typische, süßliche Aroma findet sich in vielen Masalas sowie in Chai-Tees. Schwarzer Kardamom hingegen stammt aus dem Himalaya, die Kapseln sind größer und haben ein ausgeprägtes Raucharoma.

Senfsamen

... sind seit dem Altertum als Heilmittel wie auch als Küchenzutat bekannt. Die braunen oder schwarzen Körnchen – in Indien als *Sarson* bezeichnet – werden häufig zusammen mit Curryblättern verwendet. Beim Anbraten entwickeln sie eine deutliche Senfnote und sind unverzichtbarer Bestandteil von Masala-Gewürzmischungen und Pickles.

Masoor Dal
mit Paneer

Linsen in ein Sieb geben, kalt abspülen und abtropfen lassen. Chilischote samt Samen in Ringe schneiden und anschließend fein hacken. Ingwer schälen und sehr fein würfeln. Tomaten von den Stielansätzen befreien und klein würfeln.

Linsen mit 600 ml Wasser in einen Topf geben und einmal aufkochen. Chili, Ingwer, Tomatenwürfel und Kurkuma unterrühren. Die Temperatur reduzieren und die Linsen bei schwacher Hitze 20–25 Minuten köcheln lassen. Sie sollten am Ende fast breiig sein. Falls nötig, noch etwas Wasser zugeben. Anschließend mit 2 EL Limettensaft und etwas Salz würzen.

Knoblauch schälen und fein würfeln. Ghee in einer kleinen beschichteten Pfanne erhitzen. Knoblauch, Curryblätter und Senfsamen darin bei niedriger Hitze andünsten, bis die Senfsamen zu knacken beginnen und die Curryblätter leicht glasig werden – nicht zu sehr erhitzen, sonst werden Knoblauch und Senfsamen bitter!

1 Kelle Linsen in die Pfanne geben, alles kurz durchschwenken und aus der Pfanne zurück zu den übrigen Linsen geben. Erneut 4–5 Minuten köcheln lassen, dann das Dal mit Salz, Zucker und Limettensaft abschmecken.

Paneer in Würfel von ca. 1,5 cm Kantenlänge schneiden. Öl in einer beschichteten Pfanne erhitzen und den Käse darin bei mittlerer Hitze rundherum anbraten, bis er leicht gebräunt ist. Kräuterblätter abzupfen. Das Dal auf Schalen oder Teller verteilen, Paneerwürfel darauf anrichten und mit Koriander und Minze bestreuen. Dazu passt Reis oder Brot.

200 g rote Linsen (Masoor Dal)
1 frische grüne Chilischote
15 g frischer Ingwer
3 Tomaten
¾ TL gemahlene Kurkuma
2–3 EL Limettensaft
Salz
2 Knoblauchzehen
3 EL Ghee (oder Butterschmalz)
15 Curryblätter
1 ½ TL braune Senfsamen
1–1 ½ TL brauner Zucker
200 g Paneer
Öl zum Braten
2 Stängel Koriandergrün
2 Stängel Minze

Für 4 Personen als Hauptspeise

Chicken Biryani

Für 4 Personen als Hauptspeise

4 Hähnchenkeulen
20 g frischer Ingwer
2 Knoblauchzehen
200 g griechischer Joghurt (10 % Fett)
1 TL gemahlener Kreuzkümmel
2 TL gemahlener Koriander
½ TL gemahlene Kurkuma
¾ TL Chilipulver
Salz
frisch gemahlener schwarzer Pfeffer
4 große Zwiebeln
8 EL Ghee
6 grüne Kardamomkapseln
2 schwarze Kardamomkapseln
4 Nelken
1 Zimtstange
300 g Basmatireis
2 EL Rosinen
4 EL Milch
½ Döschen Safranfäden (0,05 g)
2–3 EL Mandelblättchen
1 Handvoll Kirschtomaten (nach Belieben)
1 Handvoll Blutampfer (nach Belieben)

Am Vortag die Hähnchenkeulen trocken tupfen. Ingwer und Knoblauch schälen und sehr fein würfeln. Beides mit Joghurt und den Gewürzpulvern verrühren. Salzen und pfeffern. Keulen in die Marinade einlegen, abgedeckt im Kühlschrank über Nacht marinieren.

Am nächsten Tag Zwiebeln schälen und in feine Streifen schneiden. 3 EL Ghee in einem Topf erhitzen, darin die Hälfte der Zwiebeln bei mittlerer Hitze andünsten. Sämtliche Kardamomkapseln mit dem Mörser leicht andrücken. Mit Nelken und Zimt zu den Zwiebeln geben und mitrösten, bis die Zwiebeln schön gebräunt sind. Fleisch samt Marinade in den Topf geben und unter Rühren erhitzen. Abgedeckt bei schwacher Hitze ca. 1 Stunde schmoren, dabei gelegentlich umrühren. Bei Bedarf etwas Wasser zugeben.

Währenddessen den Reis ca. 30 Minuten in kaltem Wasser einweichen. Reis in ein Sieb abgießen, kalt abspülen und abtropfen lassen. In einem Topf reichlich Wasser erhitzen, salzen. Reis und Rosinen darin 5 Minuten bei mittlerer Hitze offen kochen lassen. Anschließend abgießen und abtropfen lassen.

Den Backofen auf 180 °C vorheizen. Hähnchen samt Zwiebeln und Soße in eine Auflaufform geben. Rosinenreis darauf verteilen und glatt streichen. Milch und 2 EL Ghee erhitzen, Safran hineingeben und kurz ziehen lassen. Die Safranmilch gleichmäßig auf dem Reis verteilen. Die Form fest mit Alufolie verschließen und das Chicken Biryani im Ofen ca. 1 Stunde garen.

Kurz vor Ende der Garzeit restliches Ghee erhitzen, Mandelblättchen darin bei schwacher Hitze hellbraun rösten, herausheben und abtropfen lassen. Übrige Zwiebelstreifen im Ghee anschwitzen, bis sie gut gebräunt sind. Tomaten vierteln. Die Form aus dem Ofen nehmen, Reis und Fleisch auf einer Platte anrichten. Mit gebräunten Zwiebeln und Mandelblättchen bestreuen und nach Belieben mit Tomaten und Blutampfer garnieren. Mit Gurken-Tomaten-Joghurt servieren.

Madras Fischcurry

Die Fischfilets waschen und in größere Stücke schneiden. 1 TL Kurkuma mit ½ TL Chilipulver mischen und die Fischstücke darin wenden, bis sie gleichmäßig damit überzogen sind, dann abgedeckt bis zur Verwendung kühl stellen.

Zwiebeln und Knoblauch schälen und fein würfeln. Die Chilischoten samt Kernen in feine Ringe schneiden und anschließend grob hacken. Das Öl in einem weiten Topf oder einer hohen Pfanne (mit Deckel) leicht erhitzen. Zwiebeln und Knoblauch zugeben und bei schwacher Hitze 10 Minuten weich dünsten. Dann Senfsamen, grüne Chilis und 15 Curryblätter zugeben und so lange braten, bis die Senfsamen zu knacken beginnen und die Curryblätter leicht glasig werden.

Tomaten und 80 ml Wasser angießen und mit übriger Kurkuma, gemahlenem Koriander, Paprikapulver, Salz und Pfeffer würzen. Offen bei mittlerer Hitze 20–25 Minuten einkochen lassen, bis die Tomaten zu einer leicht sämigen Soße zerkocht sind. Mit dem übrigen Chilipulver abschmecken.

1 Limette auspressen, die zweite vierteln. Übrige Curryblätter, Zucker und Limettensaft unter das Curry rühren, falls nötig noch ein wenig Wasser zugeben. Die Fischstücke salzen und in die Soße einlegen, dabei etwas Flüssigkeit darüberlöffeln. Den Fisch in der Soße bedeckt bei schwacher bis mittlerer Hitze ca. 10 Minuten garen.

Die Kräuterblätter abzupfen. Das Curry mit Koriandergrün und Minze bestreuen und mit Basmatireis oder Parathas (siehe Seite 25) und Limettenvierteln servieren.

Für 4 Personen als Hauptspeise

750 g festfleischiges Fischfilet (z. B. Schwertfisch, ersatzweise dick geschnittener Seelachs)
2 TL gemahlene Kurkuma
1 TL Chilipulver
2 Zwiebeln
2 Knoblauchzehen
2 frische grüne Chilischoten
5 EL Öl zum Braten
1 TL braune Senfsamen
ca. 25 Curryblätter
1 Dose stückige Tomaten (400 g)
1 ½ TL gemahlener Koriander
1 TL edelsüßes Paprikapulver
Salz
frisch gemahlener schwarzer Pfeffer
2 Bio-Limetten
½ TL brauner Zucker
2 Stängel Koriandergrün
2 Stängel Minze

Lamm Vindaloo

Für 4 Personen als Hauptspeise

FÜR DIE VINDALOO-CURRYPASTE:

5–6 getrocknete rote Chilischoten
5 Knoblauchzehen
15 g frischer Ingwer
6 grüne Kardamomkapseln
6 Nelken
10 schwarze Pfefferkörner
1 Zimtstange
½ TL gemahlene Kurkuma
½ TL gemahlener Kreuzkümmel
1–1½ EL brauner Zucker
100 ml Weißweinessig
Salz

FÜR DAS FLEISCH:

1 kg Lammfleisch (aus der Keule, ohne Knochen)
3 Zwiebeln
2 frische grüne Chilischoten
ca. 3 EL Öl oder Ghee zum Braten
100 ml Weißweinessig
1 Glas Lammfond (400 ml)
Salz
4 Stängel Koriandergrün
4 Stängel Minze
2 EL Mandelblättchen

Für die Currypaste am Vortag die Chilischoten in einer Pfanne ohne Fett anrösten, bis sie sich aufblähen, weicher werden und leicht die Farbe verändern. Dabei aufpassen, dass sie nicht verbrennen und bitter werden. Sofort in eine kleine Schüssel geben und mit Wasser übergießen. 30 Minuten einweichen, dazu mit einer Untertasse beschweren.

In der Zwischenzeit Knoblauch und Ingwer schälen und grob schneiden. Kardamomkapseln aufschlitzen und die kleinen schwarzen Samen herauslösen. Die Samen mit Nelken, Pfeffer und Zimt im Mörser fein zerreiben.

Chilischoten aus dem Wasser nehmen, Stiele und Samen entfernen und die Schoten grob schneiden. Chili mit Ingwer, Knoblauch, den im Mörser zerriebenen Gewürzen, Kurkuma, Kreuzkümmel, 1 EL Zucker und Essig zu einer feinen Paste pürieren. Mit je ca. ½ TL Salz und Zucker würzen. Lammfleisch ca. 5 cm groß würfeln, dabei Sehnen und große Fettstücke entfernen. Fleisch in einer Schüssel mit der Currypaste mischen und abgedeckt über Nacht im Kühlschrank marinieren.

Am nächsten Tag das Fleisch aus dem Kühlschrank nehmen und Zimmertemperatur annehmen lassen. Zwiebeln schälen und nicht zu fein würfeln. Grüne Chilis samt Kernen in feine Ringe schneiden. Öl oder Ghee in einem Topf erhitzen, darin die Zwiebeln bei mittlerer Hitze andünsten, bis sie leicht gebräunt sind. Fleisch samt Marinade zugeben und unter Rühren 5 Minuten braten.

Essig, Fond und grüne Chilischoten zugeben. Erhitzen, salzen, dann abgedeckt bei kleiner Hitze 1½–1¾ Stunden schmoren. Dabei hin und wieder umrühren, die Soße sollte am Ende dickflüssig und sämig sein.

Kräuterblätter abzupfen. Das Vindaloo mit Koriander, Minze und Mandelblättchen bestreuen und servieren. Dazu passt Basmatireis.

Vegetarisches Thali

FÜR DAS ANANAS-PACHADI: Kokosraspel mit 125 ml kochendem Wasser übergießen und 30 Minuten quellen lassen. Ananas schälen, Strunk und braune Stellen wegschneiden. Fruchtfleisch ca. 1 cm groß würfeln. Knoblauch und Ingwer schälen und sehr fein würfeln. Grüne Chili samt Kernen fein hacken.

1 TL Kokosöl in einem kleinen Topf erhitzen, darin Knoblauch, Ingwer, Ananas und grüne Chili kurz unter Rühren andünsten. Das Wasser von den Kokosraspeln durch ein feines Sieb dazugießen. Kurkuma unterrühren, alles abgedeckt bei schwacher Hitze 15 Minuten dünsten. Dann Kokosraspel und Kreuzkümmel unterrühren und weitere 10–15 Minuten bei schwacher Hitze garen, evtl. etwas Wasser zugeben. Mit Salz und Zucker würzen, es soll leicht süßlich schmecken. Abkühlen lassen.

Joghurt unterrühren. Getrocknete Chilis jeweils in 2–3 Stücke brechen. Übriges Kokosöl erhitzen, darin Chilis, Senfsamen und Curryblätter rösten, bis sie duften und zu knacken beginnen. Pfanneninhalt über das Pachadi gießen und unterrühren. Mit Salz und Zucker abschmecken und im Kühlschrank bis zum Servieren abgedeckt ziehen lassen.

FÜR DAS AUBERGINEN-DAL: Den Backofen auf 180 °C vorheizen. Auberginen in ca. 1,5 cm dicke Scheiben schneiden. Rote Zwiebel schälen und in ca. 1 cm dicke Spalten schneiden. 1 Knoblauchzehe schälen und in das Öl pressen, dann die Hälfte der Kurkuma und des Chilipulvers unterrühren. Auberginen und rote Zwiebel mit dem Würzöl in einer ofenfesten Form mischen, salzen und pfeffern. Im Ofen ca. 25 Minuten garen, dabei einmal durchrühren. Am Ende nochmals durchrühren, den Grill dazuschalten und die Auberginen weitere 10–12 Minuten grillen, bis sie schön gebräunt sind.

Inzwischen Linsen in einem Sieb kalt abspülen und abtropfen lassen. Tomaten von den Stielansätzen befreien und klein würfeln. Grüne Chilis samt Kernen fein hacken.

FÜR DAS ANANAS-PACHADI:
3 EL Kokosraspel
½ kleine reife Ananas (ca. 400 g)
1 Knoblauchzehe
10 g frischer Ingwer
1 frische grüne Chilischote
2 ½ EL Kokosöl
¼ TL gemahlene Kurkuma
¼ TL gemahlener Kreuzkümmel
Salz
1–2 TL brauner Zucker
150 g Joghurt
2 getrocknete rote Chilischoten
½ TL braune Senfsamen
15 Curryblätter

Für 4 Personen zum Teilen

INDIEN

FÜR DAS AUBERGINEN-DAL:
3 schlanke Auberginen (à ca. 200 g)
1 rote Zwiebel
2 Knoblauchzehen
4 EL Öl
½ TL gemahlene Kurkuma
½ TL Chilipulver
Salz
frisch gemahlener schwarzer Pfeffer
160 g rote Linsen (Masoor Dal)
2 Tomaten
2 frische grüne Chilischoten
200 ml Kokosmilch
2 Msp. gemahlener Koriander
2 Msp. gemahlener Kreuzkümmel
1 Zwiebel
2 EL Ghee
20 Curryblätter
1 TL braune Senfsamen
Saft einer halben Limette
1–2 Prisen brauner Zucker
2 Stängel Koriandergrün
2 Stängel Minze

Alles mit 300 ml Wasser in einem Topf zum Kochen bringen. Hitze reduzieren, ca. zwei Drittel der Kokosmilch, restliche Kurkuma, Koriander und Kreuzkümmel unterrühren und abgedeckt 20–25 Minuten garen.

Während die Linsen garen, Zwiebel und zweite Knoblauchzehe schälen und fein würfeln. Ghee in einer kleinen Pfanne erhitzen, Zwiebel und Knoblauch darin bei mittlerer Hitze anbraten. Curryblätter und Senfsamen zugeben und kurz mitbraten, bis die Senfsamen anfangen zu knacken. Sobald die Linsen weich sind, restliche Kokosmilch unterrühren und salzen. Pfanneninhalt unter die Linsen rühren. Abgedeckt bei schwacher Hitze 5 Minuten ziehen lassen.

Fertige Auberginen sofort mit 1–2 EL Limettensaft beträufeln. Linsen mit 1–2 TL Limettensaft und Zucker würzen und mit dem restlichen Chilipulver abschmecken. Auberginen unter die Linsen heben, in Schalen anrichten. Kräuterblätter abzupfen und über das Auberginen-Dal streuen.

FÜR DEN ZITRONENREIS: Reis in einer Schüssel mit ausreichend Wasser bedecken und 1 Stunde quellen lassen. Anschließend in ein feines Sieb abgießen, kalt abbrausen und abtropfen lassen. 450 ml Wasser in einem Topf zum Kochen bringen, salzen. Reis unterrühren, 1–2 Minuten offen kochen lassen, dann die Temperatur auf niedrigste Stufe schalten und den Reis 15 Minuten abgedeckt garen. Anschließend weitere 10 Minuten auf der ausgeschalteten Herdplatte ausquellen lassen.

Die Zitronenschale abreiben und den Saft der Frucht auspressen. Zitronen- und Limettensaft, Zitronenschale und Kurkuma verrühren. Chilischoten jeweils in 2–3 Stücke brechen. Ghee in einer kleinen Pfanne erhitzen. Cashews, Senfsamen, Chilischoten und Curryblätter zugeben und unter Rühren bei mittlerer Hitze rösten. Pfanneninhalt sofort mit der Saft-Kurkuma-Mischung verrühren. Über den Reis gießen und vorsichtig unterheben.

FÜR DAS CACHUMBAR: Zwiebel schälen und grob würfeln. Gurke ca. 1 cm groß würfeln. Tomaten ebenfalls würfeln, dabei Stielansätze und nach Wunsch Kerne entfernen. Kreuzkümmel in einer Pfanne ohne Fett rösten, bis er zu duften beginnt. Sofort herausnehmen und abkühlen lassen. Zwiebel, Gurke, Tomaten und Kreuzkümmel mit 2 EL Zitronensaft, Salz und Pfeffer mischen, ca. 15 Minuten ziehen lassen.
Korianderblätter abzupfen und grob hacken. Cachumbar mit Zitronensaft abschmecken und das Koriandergrün untermischen.

FÜR DIE PARATHAS: 6 EL Ghee in einer kleinen Pfanne schmelzen und leicht abkühlen lassen. Bockshornkleeblätter grob zerreiben. Mehl und ½ TL Salz in einer Schüssel mischen. 2 EL flüssiges Ghee und so viel Wasser von Hand einkneten, bis ein weicher, elastischer Teig entstanden ist. Weitere 5 Minuten kräftig von Hand oder mit den Knethaken des Handrührgeräts kneten, dann die Bockshornkleeblätter einarbeiten. Teig zu einer Kugel formen und 20 Minuten abgedeckt bei Zimmertemperatur ruhen lassen.

Teig in acht Portionen teilen und daraus jeweils eine glatte Kugel formen. Mit einem Nudelholz auf der bemehlten Arbeitsfläche zu Fladen von ca. 20 cm Ø ausrollen. Eine Pfanne stark erhitzen. Jeweils einen Fladen hineingeben und bei großer Hitze kurz backen, dann wenden, die gebackene Seite sofort mit etwas Ghee bepinseln und die andere Seite kurz backen. So den Fladen mehrmals wenden und immer wieder mit Ghee bepinseln, bis er beidseitig dunkle Flecke hat und sich leicht aufbläht (dann mit einem Pfannenwender wieder flach drücken). Fertige Parathas nochmals mit Ghee bepinseln und bis zum Servieren in einem mit einem sauberen Tuch ausgelegten Topf abgedeckt warm halten.

FÜR DEN ZITRONENREIS:
250 g Basmatireis
Salz
1 Bio-Zitrone
2 EL Limettensaft
½ TL gemahlene Kurkuma
2 getrocknete rote Chilischoten
2 EL Ghee
3 EL Cashewkerne
1 TL braune Senfsamen
15 Curryblätter

FÜR DAS CACHUMBAR:
1 rote Zwiebel
1 kleine Salatgurke
2 Tomaten
½ TL Kreuzkümmelsamen
2–3 EL Zitronensaft
Salz
frisch gemahlener schwarzer Pfeffer
¼ Bund Koriandergrün

FÜR DIE PARATHAS:
8 EL Ghee
4 EL getrocknete Bockshornkleeblätter
50 g Chapati-Mehl (Chapati Atta, alternativ Weizenmehl Type 1050) plus etwas für die Arbeitsfläche
½ TL Salz
100–150 ml Wasser

SO DUFTET

ISRAEL

Neben starken Einflüssen aus der levantinischen und nordafrikanischen Küche haben auch die eingewanderten Juden aus aller Welt, beispielsweise aus Osteuropa, schmackhafte Spuren hinterlassen. Das macht die Küche Israels so unglaublich vielseitig und Tel Aviv zu einem der kulinarischen Hot Spots der Welt.

★ **SHAKSHUKA**

MALAWACH-FLADENBROTE ★

★ **SHAWARMA STYLE CHICKEN** *mit israelischem Couscous und Labneh*

LAMM-KUFTA *mit Hummus* ★

★ **FALAFELN** *mit Tahina-Soße*

GEWÜRZE

Petersilie
... ist in der glatten Version in der gesamten Mittelmeerregion seit der Antike beliebt. Heute gehört sie neben Minze und Koriander zu den Kräuter-Favourites in Israel. Am liebsten wird sie frisch und fein gehackt zum Abrunden über Gerichte gestreut oder in nicht unerheblichen Mengen unter Salate gemischt.

Za'atar
... ist eine Gewürzmischung aus verschiedenen Kräutern, Sumach, Sesam und Salz und von Nordafrika bis in die Türkei, speziell in Israel, unglaublich beliebt. Sie ist ein echter Allrounder und wird für Fleisch und Dips verwendet, aber auch – gemischt mit Olivenöl – vor dem Backen auf Fladenbrote gestrichen.

Kreuzkümmel
... wird in der Levante schon seit mindestens 4.000 Jahren als Gewürz genutzt, während er in Mitteleuropa noch bis ins Mittelalter vorwiegend als Arznei Verwendung fand. Im heutigen Israel aromatisieren die Samen mit dem intensiven, leicht scharfen und anisartigen Geschmack ganz oder gemahlen Gewürzmischungen, Fleisch und Soßen.

Sesammus (Tahina)

... wird wie in der gesamten nahöstlichen Küche auch in Israel geliebt. Mit Zitronensaft und Knoblauch hat es zwei ständige Begleiter, die den herben Geschmack abmildern und perfekt abrunden. Tahina ist wichtiger Bestandteil von Hummus – und als Soße zu Falafel unverzichtbar.

Zitrone

... wird in Israel frisch gepresst als Saft verwendet, um Fleisch, Fisch, Salaten und Soßen eine frische, leicht säuerliche Note zu verleihen – das geniale Aroma ist allgegenwärtig. Die Säure hilft zudem, der Tahina in Hummus, Baba Ganoush und Sesamsoße ihre kräftig herbe Note zu nehmen.

Shakshuka

Für 2 Personen zum Frühstück oder als leichte Hauptspeise

1 Zwiebel
1 Knoblauchzehe
1 frische grüne Chilischote
1 rote Paprikaschote
700 g Tomaten
2 EL Olivenöl
1 EL Zucker
1 EL Tomatenmark
½ TL gemahlener Kreuzkümmel
½ TL edelsüßes Paprikapulver
Salz
frisch gemahlener schwarzer Pfeffer
2 Stängel Petersilie
1 Bio-Zitrone
4 Eier (Größe M)
2 Stängel Koriandergrün

Zwiebel und Knoblauch schälen, die Chilischote längs halbieren und entkernen, alles fein würfeln. Die Paprikaschote ebenfalls längs halbieren, Kerne und weiße Innenhäute entfernen. Tomaten halbieren und die Stielansätze entfernen. Paprika etwas feiner, Tomaten grob würfeln.

Olivenöl in einer ofenfesten Pfanne erhitzen. Zwiebel-, Knoblauch- und Chiliwürfel darin bei nicht zu starker Hitze etwa 5 Minuten andünsten, ohne dass sie zu bräunen beginnen. Dann den Zucker zugeben und leicht karamellisieren. Paprika- und Tomatenwürfel zufügen und alles abgedeckt 8 Minuten dünsten, dabei hin und wieder umrühren.

Den Backofen auf 200 °C vorheizen. Tomatenmark mit 100 ml Wasser, Kreuzkümmel und Paprikapulver verrühren. In die Pfanne gießen und unterrühren. Alles mit Salz und Pfeffer würzen und weitere 10 Minuten offen dünsten, bis die Tomaten leicht eingekocht sind.

Inzwischen die Petersilienblätter abzupfen und fein hacken. Die Zitronenschale fein abreiben, den Saft aus einer Hälfte der Frucht auspressen. Petersilie und Zitronenschale unter die Tomaten-Paprika-Soße rühren. Mit Salz, Pfeffer und etwas Zitronensaft abschmecken. Vier Mulden in die dickliche Soße drücken, die Eier aufschlagen und in die Mulden gleiten lassen, salzen und pfeffern. Die Pfanne in den Backofen schieben und die Eier darin etwa 8 Minuten garen.

Korianderblätter abzupfen und grob hacken. Die Pfanne aus dem Ofen nehmen, Shakshuka mit Koriandergrün garnieren und mit Fladenbrot servieren.

Malawach-Fladenbrote

Mehl in einer Schüssel mit Backpulver, Zucker und Salz mischen, eine Mulde hineindrücken. Das Wasser hineingießen. Zunächst mit den Knethaken des Handrührgeräts, dann mit den Händen ca. 5 Minuten zu einem glatten Teig kneten. Teig zu einer Kugel formen, mit Frischhaltefolie bedecken und 45 Minuten bei Zimmertemperatur ruhen lassen.

Den Backofen samt Blech auf 250 °C vorheizen. Butter in einem kleinen Topf schmelzen und vom Herd nehmen. Teig in vier Portionen teilen. Eine Portion auf der Arbeitsfläche mit den Händen wie Strudelteig nach und nach immer größer ausziehen, bis der Teig hauchdünn ist und etwa Blechgröße erreicht hat. Die Oberfläche mit Butter bestreichen. Eine lange Seite 5 cm breit einklappen, ebenfalls mit Butter bestreichen. Erneut 5 cm breit einklappen und mit Butter bestreichen. So fortfahren, bis der gesamte Teig zu einem 5 cm breiten Teigstreifen eingeklappt ist. Diesen von der Arbeitsfläche lösen und mit den Händen noch etwas in die Länge ziehen. Dann dreimal ineinander verknoten, die losen Enden in passende Teigfalten drücken. Ruhen lassen, bis die übrigen Malawach-Rohlinge ebenso zubereitet sind.

Den zuerst vorbereiteten Teig mit den Händen zu einem flachen, 22–25 cm großen runden Fladen drücken. Mit etwas Grieß bestreuen, wenden und mit flüssiger Butter einstreichen. Mit einem Viertel des Schwarzkümmels bestreuen. Fladen auf dem heißen Blech im Ofen ca. 7 Minuten knusprig braun backen. Inzwischen den zweiten Fladen formen. Das erste Brot herausnehmen, von beiden Seiten mit Butter bestreichen. Das zweite Brot backen und so fortfahren, bis alle Fladen fertig sind. Sie sollten knusprig und beim Auseinanderzupfen leicht blättrig sein. Sofort essen oder in ein Küchentuch gewickelt warm halten. Für das Zhug die Zutaten gegebenenfalls putzen, dann pürieren. Die Malawach mit Labneh (siehe Seite 34), Zhug und mariniertem Rotkohl (siehe Tipp Seite 38) servieren.

Für 4 Brote

400 g Weizenmehl (Type 405)
1 TL Backpulver
4 TL Zucker
1 TL Salz
250 ml Wasser
100 g Butter
4 TL Weizen- oder Maisgrieß
1 TL Schwarzkümmel

FÜR DIE ZHUG-SOSSE:
4 Jalapeño-Schoten
2 Bund Koriander
2 EL Zitronensaft
2 EL Olivenöl
1 Msp. gemahlener Kardamom
1 Msp. gemahlener Kreuzkümmel
½ TL Honig
Salz

Shawarma Style Chicken
mit israelischem Couscous und Labneh

Für 4 Personen als Hauptspeise

FÜR DAS LABNEH:
400 g griechischer Joghurt
1 EL Zitronensaft
1½ TL Za'atar
Salz

FÜR DAS FLEISCH:
3 EL Olivenöl
1 EL Zitronensaft
je 2 TL gemahlener Kreuzkümmel und Koriander
1 TL gemahlener Kardamom
½ TL Cayennepfeffer
1 TL edelsüßes Paprikapulver
2 Prisen Zimt
2 Knoblauchzehen
Salz
frisch gemahlener schwarzer Pfeffer
700 g Hähnchenbrustfilet

FÜR DEN ISRAELISCHEN COUSCOUS:
200 g Perlcouscous
Salz
je 4 Stängel Petersilie und Dill
100 g Rucola
250 g Kirschtomaten
1 kleine Salatgurke
3 EL Olivenöl
2 EL Zitronensaft
1 EL Honig
1 Knoblauchzehe
frisch gemahlener schwarzer Pfeffer

Am Vortag für das Labneh Joghurt, Zitronensaft und Za'atar verrühren. Mit Salz und Pfeffer würzen. Ein Sieb über einen Topf hängen und mit einem sauberen Küchentuch auslegen. Joghurtmischung einfüllen, das Tuch darüberschlagen und mit einem Teller o. ä. beschweren. Joghurt über Nacht im Kühlschrank abtropfen lassen.

Für das Fleisch 2 EL Olivenöl und den Zitronensaft mit den Gewürzen zu einer Marinade verrühren. Knoblauchzehen schälen und dazupressen. Mit Salz und Pfeffer würzen. Das Fleisch trocken tupfen, in Streifen schneiden und mit der Marinade mischen. Abgedeckt ca. 30 Minuten im Kühlschrank marinieren.

Inzwischen den Perlcouscous in leicht kochendem Salzwasser 18–20 Minuten garen. Die Blätter bzw. Spitzen von Petersilie und Dill abzupfen und fein hacken. Rucola verlesen, grobe Stiele entfernen und die Blätter etwas kleiner zupfen. Tomaten halbieren. Gurke klein würfeln.

Für das Dressing Olivenöl, Zitronensaft und Honig verrühren. Knoblauch schälen und dazupressen. Mit Salz und Pfeffer würzen.

Fleisch wieder aus dem Kühlschrank nehmen und Zimmertemperatur annehmen lassen.

Den Couscous abgießen, kalt abschrecken und abtropfen lassen. Labneh aus dem Kühlschrank nehmen, in eine Schüssel füllen und glatt rühren. 1 EL Olivenöl in einer großen Pfanne erhitzen. Das Fleisch darin rundherum 6–8 Minuten braten, bis es gut gebräunt und gar ist.

Jeweils etwas Labneh auf vier Teller streichen. Couscous mit den Kräutern, Rucola, Tomaten, Gurken und dem Dressing mischen und zugeben. Das Fleisch darauf anrichten. Nach Belieben noch Tahina-Soße (siehe Seite 37) dazu servieren.

Falafeln
mit Tahina-Soße

Am Vortag für die Falafeln Kichererbsen in einer Schüssel mit reichlich Wasser bedecken und über Nacht quellen lassen.

Am nächsten Tag Kichererbsen in ein Sieb abgießen, kalt abspülen und abtropfen lassen. Zwiebel und Knoblauch schälen und grob würfeln. Kräuterblätter abzupfen und grob hacken. Zitronenschale abreiben, den Saft der Frucht auspressen.

Kichererbsen, Zwiebel, Knoblauch, Kräuter (bis auf 2 EL), Zitronenschale und 3 EL Zitronensaft in eine Schüssel oder die Küchenmaschine geben. Kichererbsenmehl und Gewürze zufügen, salzen und pfeffern. Mit dem Stabmixer oder der Küchenmaschine zu einer recht feinen Masse mit kleinen Kichererbsenstückchen verarbeiten. Sesam untermischen, die Falafelmasse mit Salz, Pfeffer und Zitronensaft abschmecken.

In einem Topf ca. 8 cm hoch Öl erhitzen. Aus der Falafelmasse mit den Händen 16 abgeflachte Bällchen formen. Mit einem Holzstäbchen testen, ob das Öl heiß genug ist: Steigen an dem in das Öl gehaltene Stäbchen sofort Luftbläschen auf, ist die richtige Temperatur erreicht. Die Bällchen portionsweise in das heiße Öl gleiten lassen und jeweils 4–5 Minuten bei nicht zu starker Hitze goldbraun ausbacken, dabei einmal wenden. Anschließend mit einem Schaumlöffel aus dem Öl heben und auf Küchenpapier abtropfen lassen.

Inzwischen für die Tahina-Soße Sesammus, 4 EL Zitronensaft, 1 TL Honig, Kreuzkümmel, 1 Msp. Cayennepfeffer und 80 ml Wasser in einen Mixbecher geben. Knoblauch schälen und dazupressen. Alles mit dem Stabmixer zu einer glatten Soße pürieren, dafür gegebenenfalls noch etwas Wasser zugeben. Mit Salz, Cayennepfeffer, Zitronensaft und Honig abschmecken.

Falafel mit Tahina-Soße servieren, mit den restlichen Kräutern bestreuen.

FÜR DIE FALAFELN:
200 g getrocknete Kichererbsen
½ rote Zwiebel
2 Knoblauchzehen
4 Stängel Petersilie
8 Stängel Koriandergrün
1 Bio-Zitrone
2 EL Kichererbsenmehl (ersatzweise Weizenmehl)
½ TL gemahlener Kreuzkümmel
½ TL gemahlener Koriander
1 Msp. gemahlener Kardamom
1 Msp. Cayennepfeffer
Salz
frisch gemahlener schwarzer Pfeffer
1 EL weiße Sesamsamen
Öl zum Ausbacken

FÜR DIE TAHINA-SOSSE:
120 g Sesammus (Tahina)
4–5 EL Zitronensaft
1–2 TL Honig
½ TL gemahlener Kreuzkümmel
1–2 Msp. Cayennepfeffer
2 Knoblauchzehen
Salz

Für 4 Personen als Hauptspeise

Lamm-Kufta
mit Hummus

Für 4 Personen als Hauptspeise

FÜR DEN HUMMUS:
1 Dose Kichererbsen (265 g Abtropfgewicht)
2 Knoblauchzehen
60 g Sesammus (Tahina)
4 EL Zitronensaft
2 EL Olivenöl
1–2 TL Honig
½ TL gemahlener Kreuzkümmel
1–2 Prisen Cayennepfeffer
Salz

FÜR DIE KUFTA:
2 rote Zwiebeln
2 Koblauchzehen
4 Stängel Petersilie
600 g Lammhackfleisch
4 EL Pinienkerne
2 TL Za'atar
1 TL edelsüßes Paprikapulver
Salz
frisch gemahlener schwarzer Pfeffer
4 EL Olivenöl
2 EL Zitronensaft
½ Granatapfel

Für den Hummus die Kichererbsen in ein Sieb abgießen, kalt abspülen und abtropfen lassen. Für einen besonders feinen Hummus die Kichererbsen aus den Häutchen drücken, für eine etwas gröbere Variante mit der Haut verarbeiten. 2 Knoblauchzehen schälen und grob würfeln. Kichererbsen, Knoblauchwürfel und Sesammus mit Zitronensaft, Olivenöl, 1 TL Honig, Kreuzkümmel, 1 Prise Cayennepfeffer und 5 EL Wasser fein pürieren. Den Hummus nach Belieben mit etwas Wasser verdünnen und mit Salz, Honig und Cayennepfeffer abschmecken.

Für die Kufta die Zwiebeln und Knoblauchzehen schälen und fein würfeln. Petersilienblätter abzupfen und grob hacken. Je 2 EL Zwiebelwürfel und Petersilie für die Deko beiseitestellen, den Rest mit dem Hackfleisch, Pinienkernen, Za'atar sowie Paprikapulver mischen, mit Salz und Pfeffer würzen. Aus der Hackfleischmasse 16 längliche Bällchen (Kufta) formen.

2 EL Olivenöl in einer Pfanne erhitzen, die Kufta darin rundherum 10–12 Minuten braten, bis sie gut gebräunt und gar sind. Auf Küchenpapier abtropfen lassen. Währenddessen die Granatapfelkerne auslösen. Restliches Olivenöl mit Zitronensaft verquirlen, mit Salz würzen.

Auf vier Teller je einen Spiegel aus Hummus streichen und die Kufta daraufllegen. Mit Granatapfelkernen sowie übrigen Zwiebelwürfeln und Petersilie bestreuen. Mit dem Zitronenöl beträufeln und servieren.

Tipp:
Dazu passt marinierter Rotkohl: **200 g Rotkohl** putzen, Blätter vom Strunk lösen. Dicke Rippen mit einem parallel zum Brett geführten Messer etwas dünner schneiden, Blätter anschließend in feine Streifen schneiden. In einer Schüssel mit **2 EL Zitronensaft, 2 EL Olivenöl** und **2 TL Honig** mischen und mit **Salz und Pfeffer** würzen.

ISRAEL

SO DUFTET
ITALIEN

Die Liebe zu hervorragenden Lebensmitteln ist das Markenzeichen der „Cucina italiana". Das erlaubt es den Italienern, viele Gerichte sehr einfach zu halten. Denn wer sonnenverwöhnte Tomaten, aromatische Kräuter, herrlich intensives Olivenöl und feinwürzigen Käse zur Verfügung hat, braucht nur wenige Zutaten für vollkommenen Genuss.

★ **SPARGEL** *im Prosciutto-Mantel*

★ **BURRATA** *mit halbgetrockneten Tomaten*

★ **SPINAT-GNOCCHI** *mit Salbei-Nuss-Butter*

PIZZA BIANCA *mit Salsiccia und Peperoni* ★

OSSOBUCO-RAGOUT *mit Gremolata* ★

GEWÜRZE

Knoblauch

... und Öl: Mehr braucht es nicht, um italienische Pasta zu einem unwiderstehlichen Genuss zu machen – das berühmte Aglio e Olio. Doch auch Antipasti oder Fleischgerichte kommen südlich der Alpen selten ohne die würzige Knolle aus. Dabei fällt der Einsatz stets maßvoller aus als in anderen Mittelmeerländern; Gerichte werden eher sanft denn überschwänglich aromatisiert.

Zitrone

... und Italien ist eine Liebesgeschichte, was sich nicht nur auf dem Teller mit zitronigen Noten in Risottos, Pasta, Fleisch und Fisch, sondern auch in der Landschaft widerspiegelt. Denn landauf, landab, von den Alpen bis nach Sizilien bereichern Zitronenbäume Gärten, Terrassen und Landschaft mit unwiderstehlichem Duft und leuchtend gelben Früchten.

Basilikum

... ist das „It-Kraut" der „Cucina italiana": Ob Pesto alla Genovese, Insalata Caprese oder Bruschetta – am liebsten wird Basilikum frisch verwendet, denn nur so kommt sein einzigartiges süßliches und leicht pfeffriges Aroma zur Geltung.

Peperoni

... sind Italiens Beitrag zur Chilivielfalt der Welt. Erst durch Kolumbus von Amerika in die Welt gelangt, haben sich die scharfen Schoten schnell einen festen Platz in den Herzen aller Schärfefans erobert. Die italienischen Sorten bestechen durch ihren paprikawürzigen Geschmack und sind weitaus milder als viele amerikanische und asiatische Hardcore-Chilis.

Salbei

... entfaltet erst beim Braten, Schmoren oder Schwenken in Butter sein würzig-bitteres, an Kiefern erinnerndes, aber stets angenehmes Aroma. Dieses harmoniert bestens mit Fleisch, aber auch mit Pasta oder Polenta.

Burrata

mit halbgetrockneten Tomaten

Den Backofen auf 120 °C vorheizen. Nadeln bzw. Blättchen von Rosmarin und Thymian abzupfen und fein hacken. Die Peperoni zerbröckeln und im Mörser fein zerreiben. 2 Knoblauchzehen schälen und pressen, mit 5 EL Olivenöl, Aceto balsamico bianco, Honig, Kräutern und Peperoni verrühren. Mit Salz und Pfeffer würzen.

Die Tomaten halbieren, mit der Schnittfläche nach oben auf ein mit Backpapier ausgelegtes Blech legen und mit der Marinade bepinseln. Im heißen Backofen 2 Stunden trocknen, dabei gelegentlich kurz die Backofentür öffnen, damit der Dampf entweichen kann.

Inzwischen für die Crema di Balsamico den Zucker in einem Topf hellbraun karamellisieren. Dann mit Traubensaft ablöschen und kurz köcheln lassen, bis sich das Karamell gelöst hat. Aceto balsamico zugießen und leicht sirupartig einkochen lassen. Vom Herd nehmen und abkühlen lassen. (Achtung: Nicht zu stark einkochen lassen, da der Sirup fester wird, wenn er abkühlt.)

Das Blech aus dem Ofen nehmen, die Backofentemperatur auf 160 °C erhöhen. Die Tomaten abkühlen lassen. Restlichen Knoblauch schälen, durchpressen und mit 2 EL Olivenöl verrühren. Das Brot in ca. 1 cm dicke Scheiben schneiden, mit dem Knoblauchöl bestreichen und auf dem mit Backpapier ausgelegten Rost im Ofen 6–8 Minuten knusprig backen. Nach der Hälfte der Zeit wenden.

Burrata abtropfen lassen, vierteln und auf Tellern anrichten. Basilikumblätter abzupfen und auf die Burrata legen. Die Tomaten darauf anrichten. Alles mit der Crema di Balsamico und dem restlichen Olivenöl beträufeln. Mit etwas grob gemahlenem Pfeffer und Fleur de Sel bestreuen und mit dem knusprigen Brot servieren.

½ Zweig Rosmarin
2 Zweige Thymian
½ getrocknete Peperonischote
3 Knoblauchzehen
8 EL Olivenöl
2 EL Aceto balsamico bianco
2 EL Honig
Salz
frisch gemahlener schwarzer Pfeffer
800 g Kirschtomaten
2 EL Zucker
50 ml roter Traubensaft
80 ml Aceto balsamico
½ Ciabattabrot (ca. 15 cm)
4 Kugeln Burrata (à 100 g; ersatzweise 4 Kugeln Mozzarella à 125 g)
4 Stängel Basilikum
Fleur de Sel

Für 4 Personen als Vorspeise

Spargel
im Prosciutto-Mantel

Für 4 Personen als Vorspeise

16 dünne Stangen grüner Spargel
4 EL Zitronensaft
2 TL Zucker
Salz
frisch gemahlener schwarzer Pfeffer
2 Knoblauchzehen
1 Stängel Salbei
2 EL Pinienkerne
50 g Pecorino (am Stück; ersatzweise Parmesan)
4 Scheiben Parmaschinken
2 EL Olivenöl
20 g Butter

Das untere Drittel des Spargels abschneiden und anderweitig verwenden. Die Spargelstangen in einem Topf mit Dämpfeinsatz über kochendem Wasser 2–3 Minuten sehr bissfest dämpfen. Anschließend in ein Sieb abgießen, kalt abschrecken und abtropfen lassen. Auf einem Teller Zitronensaft mit Zucker verrühren, mit etwas Salz und Pfeffer würzen. Die Spargelstangen in der Marinade wenden und 10 Minuten darin ziehen lassen.

Knoblauch schälen und in dünne Scheiben schneiden. Salbeiblätter abzupfen und fein hacken. Pinienkerne in einer kleinen Pfanne ohne Fett hellbraun anrösten und sofort wieder herausnehmen. Pecorino mit dem Sparschäler in Streifen schneiden oder grob zerbröckeln.

Die Spargelstangen aus der Marinade nehmen, kurz abtropfen lassen, dann je 4 Stangen in 1 Scheibe Schinken einrollen. Olivenöl in einer großen Pfanne erhitzen, die Spargelstangen darin rundherum anbraten, bis sie und der Schinken ganz leicht gebräunt sind. Herausnehmen und beiseitelegen.

Knoblauch und Salbei in die Pfanne geben und 2–3 Minuten andünsten, ohne dass sie bräunen. Dann die Spargelmarinade und Butter zugeben und 1–2 Minuten köcheln lassen. Mit Salz abschmecken.

Die Spargelstangen auf einer Platte anrichten. Mit dem Sud aus der Pfanne beträufeln, mit Pinienkernen und Pecorino bestreuen. Pfeffer grob darübermalen und servieren. Dazu passt geröstetes Ciabatta (siehe Seite 45).

Spinat-Gnocchi
mit Salbei-Nuss-Butter

Spinat putzen, grobe Stiele entfernen. Salzwasser in einem Topf aufkochen, den Spinat darin 2 Minuten blanchieren. Dann in ein Sieb abgießen, kalt abspülen und abtropfen lassen. Die Hälfte des Parmesans fein reiben. 20 g Walnusskerne im Mörser fein zerreiben.

Den Spinat kräftig ausdrücken, fein hacken und mit dem Ricotta mischen, mit Salz, Pfeffer und Muskat würzen. Ei, geriebenen Parmesan und Zitronenschale unterrühren. Mehl und zermahlene Nüsse zugeben, alles gut verkneten.

Reichlich Salzwasser in einem Topf aufkochen. Mit einem Löffel Nocken vom Teig abstechen und mit angefeuchteten Händen zu walnussgroßen, ovalen Gnocchi formen. Die Gnocchi in den Topf geben und offen bei schwacher Hitze 6–8 Minuten leicht siedend garen, bis sie an der Oberfläche schwimmen. Die Gnocchi mit einem Schaumlöffel herausheben und in einem Sieb abtropfen lassen.

Knoblauch schälen und fein würfeln. Salbeiblätter abzupfen. Die übrigen Nüsse grob hacken. Butter in zwei Pfannen zerlassen. Knoblauch, Salbei und gehackte Nüsse darin andünsten. Die Gnocchi zugeben und bei schwacher Hitze unter Rühren ca. 3 Minuten braten, bis die Salbeiblätter und Nüsse leicht gebräunt sind. Alles auf Tellern anrichten und servieren. Restlichen Parmesan bei Tisch darüberreiben.

Tipp:
Die Salbei-Nuss-Butter schmeckt auch hervorragend zu gefüllten Nudeln wie Ravioli, Girasoli oder Tortelloni.

---

300 g Blattspinat
Salz
80 g Parmesan (am Stück)
120 g Walnusskerne
100 g Ricotta
frisch gemahlener schwarzer Pfeffer
frisch geriebene Muskatnuss
1 Ei (Größe M)
abgeriebene Schale einer Bio-Zitrone
120 g Weizenmehl (Type 405)
2 Knoblauchzehen
2–3 Stängel Salbei
120 g Butter

Für 4 Personen als Hauptspeise

Pizza bianca

mit Salsiccia und Peperoni

FÜR DEN TEIG:
½ Würfel frische Hefe (21 g)
2 TL Zucker
300 ml lauwarmes Wasser
600 g Weizenmehl (Type 550) plus etwas für die Arbeitsfläche
1 ½ TL Salz
2 EL Olivenöl

FÜR DEN BELAG:
2 Kugeln Mozzarella (à 125 g)
200 g Salsiccia (grobe italienische Bratwurst)
2 frische rote Peperonischoten
125 g bunte Kirschtomaten
1 Knoblauchzehe
200 g Ricotta
Salz
2 Stängel Basilikum
2 Stängel Oregano
frisch gemahlener schwarzer Pfeffer

Für 4 Personen als Hauptspeise

Für den Teig am Vortag beginnen. Die Hefe zerbröckeln und mit dem Zucker im Wasser auflösen. Mehl und Salz in einer Schüssel mischen und eine Mulde hineindrücken. Hefewasser und Olivenöl in die Mulde geben, alles mit den Knethaken des Handrührgeräts ca. 10 Minuten zu einem glatten Teig kneten. Abgedeckt über Nacht im Kühlschrank gehen lassen.

Am nächsten Tag den Teig aus dem Kühlschrank nehmen, in vier Portionen teilen, auf der bemehlten Arbeitsfläche durchkneten, zu Kugeln formen und noch einmal 30 Minuten bei Zimmertemperatur gehen lassen.

Den Backofen auf 220 °C vorheizen. Mozzarella abtropfen lassen und in Scheiben schneiden. Salsiccia aus der Pelle drücken und zerpflücken. Peperoni in Ringe schneiden, dabei die Kerne entfernen. Die Tomaten halbieren. Knoblauch schälen, durchpressen und mit dem Ricotta verrühren, leicht salzen.

Eine Portion Teig auf der bemehlten Arbeitsfläche zu einem Kreis (ca. 28 cm Ø) ausrollen und auf ein leicht bemehltes Backblech legen. Nun belegen, dafür jeweils ein Viertel der entsprechenden Zutaten verwenden: Mit Ricotta bestreichen, salzen und mit Mozzarella belegen. Salsiccia, Tomaten und Peperoniringe darauf verteilen. Im heißen Backofen 15–20 Minuten goldbraun backen. Basilikum- und Oreganoblätter abzupfen. Pizza herausnehmen, mit Kräutern und etwas grob gemahlenem Pfeffer bestreuen. Die übrigen Pizzen nach und nach genauso backen. Fertige Pizzen einfach teilen und gemeinsam genießen.

Tipp:
Besonders knusprig werden die Pizzen, wenn man sie auf einem Pizzastein zubereitet. Diesen im Backofen mit aufheizen (das ist wichtig, denn legt man ihn in den heißen Ofen, kann er reißen) und die Pizzen von einem Holzschieber vorsichtig, aber mit Schwung daraufgleiten lassen. Die Backzeit verkürzt sich um einige Minuten.

Ossobuco-Ragout
mit Gremolata

Die Hachsenscheiben trocken tupfen, salzen, pfeffern und von beiden Seiten mit Mehl bestäuben. Olivenöl in einem Schmortopf erhitzen. Das Fleisch darin bei starker Hitze von beiden Seiten anbraten und wieder herausnehmen. 1 EL Zucker im Schmortopf hellbraun karamellisieren. Mit dem Wein ablöschen und etwas einkochen lassen. Fond und Tomaten zugeben, das Fleisch darauflegen und mit halb geschlossenem Deckel bei schwacher Hitze 1½ Stunden schmoren, dabei die Hachsenscheiben gelegentlich wenden.

Möhren, Sellerie, Zwiebel und 2 Knoblauchzehen schälen und fein würfeln. Übrigen Zucker in einer Pfanne hellbraun karamellisieren. Das Gemüse zugeben, die Butter zufügen und alles bei schwacher Hitze 10 Minuten dünsten, bis das Gemüse glasig, aber nicht gebräunt ist. Gemüse, Rosmarin, Thymian und Lorbeer zum Fleisch geben und alles weitere 30 Minuten abgedeckt schmoren. Dann vom Herd nehmen und lauwarm abkühlen lassen.

Für die Gremolata den übrigen Knoblauch schälen und sehr fein würfeln. Petersilienblätter abzupfen und fein hacken. Zitronenschale mit einem Zestenreißer abziehen. Den Saft aus einer Hälfte der Frucht auspressen. Knoblauch, Zitronenschale und Petersilie mischen. Oregano- und Salbeiblätter abzupfen.

Rosmarin, Thymian und Lorbeer aus der Soße nehmen. Das Fleisch ebenfalls herausnehmen, von den Knochen lösen, von Knorpeln und Fett befreien und klein zupfen. Die Soße gegebenenfalls mit etwas Wasser verdünnen. Die Hälfte der Gremolata unterrühren, mit Salz, Pfeffer und Zitronensaft abschmecken. Das Fleisch wieder zugeben und alles erneut erhitzen. Zum Servieren mit der restlichen Gremolata, Oregano und Salbei bestreuen. Dazu passen Risotto alla milanese, Polenta oder selbst gemachte Pasta.

2 Kalbshachsenscheiben (à ca. 300 g)
Salz
frisch gemahlener schwarzer Pfeffer
1 EL Mehl
2 EL Olivenöl
1½ EL Zucker
125 ml trockener Weißwein (z. B. Soave)
400 ml Kalbsfond
1 Dose stückige Tomaten (400 g)
100 g Möhren
100 g Knollensellerie
1 Zwiebel
3 Knoblauchzehen
30 g Butter
2 Zweige Rosmarin
4 Zweige Thymian
1 Lorbeerblatt
2 Stängel Petersilie
1 Bio-Zitrone
2 Stängel Oregano
2 Stängel Salbei

Für 4 Personen als Hauptspeise

SO DUFTET

JAPAN

Kochen in Japan ist Zen am Herd: Wenige, frische Zutaten werden mit Sorgfalt ausgesucht und zubereitet. Das Ergebnis sind pure, reduzierte Aromen, die sich voll entfalten können. Dass dabei der Genuss auf keinen Fall zu kurz kommt, zeigen Pulled Salmon, Sushi-Rollen oder knusprige Yakitori-Spieße – das ist Soulfood vom Feinsten.

MISOSUPPE
mit Shiitakepilzen und Pak Choi ★

NEGIMA-YAKITORI-SPIESSE ★

★ **WASABI-SUSHI-ROLLEN**
mit Soja-Dip

★ **SCHWEINEFLEISCH-GYOZA**
mit Chili-Dip

PULLED SALMON
RAMEN ★

GEWÜRZE

Misopaste

... wird aus Sojabohnen, die in großen Fässern vergoren werden, hergestellt – manchmal versetzt mit Reis oder Gerste. Die so entstandene, würzig-salzige Paste enthält viel Eiweiß, Vitamin E und B. Neben der bekannten Misosuppe werden auch Soßen und andere Gerichte mit der Paste gewürzt.

Mirin und Sake

... sind japanische Reisweine – anders als Sake wird Mirin aber hauptsächlich als Würzmittel zum Kochen verwendet. Sake ähnelt geschmacklich dem Sherry und wird gern als Aperitif oder Digestif gereicht. Doch auch er kommt als Kochzutat zum Einsatz: Gemeinsam mit Mirin und Sojasoße bildet er die Hauptzutat der berühmten Teriyaki-Marinade.

Wasabi

… ist ein japanischer Meerrettich. Die Paste aus der Wurzel der Wasabi-Pflanze ist äußerst würzkräftig – anders als etwa Chili stimuliert sie aber eher die Nase als die Zunge. In Europa gibt es fertige Zubereitungen zu kaufen – in Japan wird Wasabi traditionell auf einer Haifischhaut-Reibe bearbeitet und unmittelbar verzehrt.

Sesam

… gebührt dank all seiner Verarbeitungs- und Darreichungsformen ein Ehrenplatz in der japanischen Küche. Die kleinen Sesamkörner enthalten überdurchschnittlich viel Kalzium, Magnesium und Zink und sind somit ein wahres Superfood. Sie können geröstet, gemahlen, als Öl oder Paste daherkommen; Verwendung finden die nussig-herben Samen in herzhaften wie auch in süßen Speisen.

Sojasoße/Tamari

… bezeichnet beides den recht bekannten Typus salzig-herzhafter Würzsaucen, die durch Fermentation entstehen. Während für Sojasoße Soja und Weizen fermentiert werden, ist Tamari eine glutenfreie Alternative und zeichnet sich durch einen ausgewogenen und weniger salzigen Geschmack aus.

Negima-Yakitori-Spieße

Für 4 Personen als Vorspeise (4 Spieße)

FÜR DIE YAKITORI-SOSSE:
1 Knoblauchzehe
100 ml Sojasoße
100 ml Mirin
50 ml Sake
2 EL Zucker

FÜR DIE SPIESSE:
400 g Hähnchenbrustfilet
4 Frühlingszwiebeln
Öl zum Grillen
Salz
frisch gemahlener schwarzer Pfeffer
weiße und schwarze Sesamsamen zum Bestreuen
1 Handvoll Kresse

Für die Yakitori-Soße Knoblauch schälen und in Scheiben schneiden. Mit Sojasoße, Mirin, Sake, Zucker und 50 ml Wasser in einem Topf unter Rühren aufkochen, bis sich der Zucker gelöst hat. Bei mittlerer Hitze auf ein Drittel einkochen lassen, bis eine sirupartige Soße entstanden ist. Abkühlen lassen, den Knoblauch entfernen.

Für die Spieße das Fleisch trocken tupfen und würfeln. Frühlingszwiebeln putzen, die unteren weißen und hellgrünen Teile in 2,5 cm lange Stücke schneiden. Von den dunkelgrünen Teilen 2 Halme in feine Ringe schneiden, den Rest anderweitig verwenden. 1 Stück Frühlingszwiebel auf einen Metallspieß stecken, dann 1 Stück Fleisch. Weiter immer im Wechsel aufstecken, bis der Spieß voll ist. Für die übrigen Spieße ebenso verfahren.

Den Backofengrill einschalten, ein tiefes, mit Wasser gefülltes Blech mittig einschieben. Den Rost mit etwas Öl bepinseln, damit das Fleisch nicht festklebt. Die Hälfte der Yakitori-Soße zur Seite stellen, den Rest am Backofen bereitstellen.

Die Spieße leicht salzen und pfeffern und auf den Rost legen. Im Ofen unter dem Grill (ca. 10 cm Abstand nach oben) über dem mit Wasser gefüllten Blech 5–6 Minuten grillen. Spieße wenden und mit der bereitgestellten Soße bepinseln. Weitere 2–3 Minuten grillen, wenden, erneut bepinseln und wieder 2–3 Minuten grillen. So fortfahren, bis das Fleisch schön gebräunt und glänzend ist – das dauert insgesamt 15–18 Minuten. Alternativ das Ganze auf dieselbe Art auf dem Holzkohlengrill zubereiten.

Die Spieße herausnehmen, sofort mit der zur Seite gestellten Soße bepinseln (wegen der Salmonellengefahr einen sauberen Pinsel verwenden!), mit Frühlingszwiebelringen, Sesam und Kresse bestreuen und servieren. Den Rest der Soße zum Dippen dazu reichen.

JAPAN

Wasabi-Sushi-Rollen
mit Soja-Dip

FÜR DEN REIS:
250 g Sushireis
3 EL Reisessig
2 EL Zucker
1 TL Salz

FÜR DEN DIP:
1 frische rote Chilischote
80 ml Sojasoße
je 50 ml Mandarinen- und Limettensaft (frisch gepresst)
2 EL Mirin

FÜR DIE ROLLEN:
700 g frisches Thunfischfilet
3 Frühlingszwiebeln
2 kleine reife Avocados
1 EL Limettensaft
1 Mini-Gurke
4 Blätter Eisbergsalat
2 EL Reisessig
4 Nori-Algen-Blätter
3 TL Wasabi-Paste
4 EL Mayonnaise

Für 4 Personen als leichte Hauptspeise (4 Stück)

Reis in einem Sieb unter fließendem kaltem Wasser waschen, bis das ablaufende Wasser klar bleibt. Danach in einer Schüssel mit Wasser bedecken, 30 Minuten quellen lassen. Inzwischen für den Dip Chili längs halbieren, entkernen und sehr fein würfeln. Mit den übrigen Zutaten in einem Topf aufkochen, anschließend auskühlen lassen.

Reis in ein Sieb abgießen. Mit 270 ml Wasser in einem Topf abgedeckt auf höchster Stufe aufkochen und 1 Minute kochen lassen. Hitze reduzieren und den Reis auf niedrigster Stufe abgedeckt 10 Minuten garen. Topf vom Herd nehmen, ein gefaltetes Küchentuch unter den Deckel klemmen und den Reis 15 Minuten abkühlen lassen.

Essig, Zucker und Salz in einem kleinen Topf unter Rühren erhitzen, bis sich Zucker und Salz gelöst haben, dann vom Herd nehmen. Reis flach in einer Auflaufform verteilen. Die Essigmischung über den handwarmen Reis träufeln und mit einem Holzspatel vorsichtig untermengen. Völlig auskühlen lassen, dabei etwas Luft zufächeln.

Für die Rollen Thunfisch waschen, trocken tupfen und in ca. 5 mm dicke Streifen schneiden. Frühlingszwiebeln putzen, grüne Teile in schmale Ringe schneiden, weiße anderweitig verwenden. Avocados längs halbieren, entsteinen und schälen. Längs in schmale Streifen schneiden, sofort in Limettensaft wenden. Gurke längs achteln. Salatblätter in feine Streifen schneiden.

Essig mit 500 ml Wasser mischen. Hände mit Essigwasser befeuchten. 1 Algenblatt auf einer Sushi-Rollmatte auslegen (glänzende Seite nach unten). Ein Viertel des Reises mit den Händen flach darauf verteilen, dabei oben einen ca. 1 cm breiten Rand frei lassen. In der Mitte des Reises ein Viertel der Wasabi-Paste quer in einer Linie verteilen. Daneben eine Linie mit 1 EL Mayonnaise ziehen. Darauf je ein Viertel der übrigen klein geschnittenen Zutaten verteilen. Das Algenblatt mithilfe der Matte aufrollen. Nach Wunsch einmal quer halbieren. Die übrigen Rollen genauso zubereiten. Mit der Soße zum Dippen servieren.

Misosuppe

mit Shiitakepilzen und Pak Choi

Für 4 Personen als leichte Hauptspeise

4 Shiitakepilze
2 Baby-Pak-Choi
2 Frühlingszwiebeln
800 ml Dashibrühe
(siehe Tipp)
6 EL (Genmai-)Miso
2 EL Mirin
2 EL Sojasoße
2 ½ EL getrocknete
Wakame-Algen
200 g Seidentofu
½ Schale Shiso-Kresse
2 TL geröstetes Sesamöl

Die Pilze sauber reiben, die Stiele entfernen. Pak Choi putzen und halbieren. Frühlingszwiebeln putzen, grüne Teile in Ringe schneiden, weiße Teile anderweitig verwenden.

Die Dashibrühe in einem Suppentopf einmal aufkochen, dann die Hitze sofort reduzieren, sodass die Brühe nur ganz leicht köchelt. Miso, Mirin und Sojasoße einrühren und die Algen einstreuen. Pak Choi hineinlegen und 1–2 Minuten garen. Pilze zugeben und alles abgedeckt weitere 2–3 Minuten garen.

Inzwischen den Seidentofu trocken tupfen, in Würfel von ca. 1 cm Kantenlänge schneiden und auf vier Suppenschalen verteilen. Die Kresse vom Beet schneiden. Die heiße Suppe über den Tofu in die Suppenschalen schöpfen. Dann mit Sesamöl beträufeln, mit Frühlingszwiebelringen und Shiso-Kresse bestreuen und servieren.

Tipp:

Dashibrühe kann man als Instantpulver im Asia-Shop kaufen. Selbst gemacht schmeckt sie noch besser und ist ganz einfach zuzubereiten: Für etwa **1 l Brühe 25 g Kombu-Algen** mit einem feuchten Tuch sauber reiben. Die Algen mit **1 l kaltem Wasser** in einen Topf geben und 30 Minuten ziehen lassen. Anschließend das Wasser samt Kombu auf dem Herd erhitzen (nicht kochen!), Kombu herausnehmen und das Wasser leicht abkühlen lassen. Dann **30 g Bonitoflocken** hineingeben und bei kleiner bis mittlerer Hitze zum Köcheln bringen. Sobald die Brühe zu kochen beginnt, sofort vom Herd nehmen. Die Bonitoflocken sinken nun auf den Boden des Topfes. Sobald sie abgesunken sind, die Brühe durch feines Sieb gießen, dabei die Flocken nicht auspressen.

Schweinefleisch-Gyoza
mit Chili-Dip

Für die Gyoza Knoblauch schälen und fein würfeln. Weißkohl putzen, den Strunk herausschneiden. Blätter in sehr kleine Stückchen schneiden. Pilze sauber reiben, die Stiele entfernen. Die Kappen fein hacken. Sesam in einer Pfanne ohne Fett hellbraun rösten. Wenig Öl in einer beschichteten Pfanne erhitzen, den Knoblauch darin andünsten. Kohl und Pilze zugeben und unter Rühren braten, bis der Kohl glasig ist. Mit Sojasoße und Mirin ablöschen, kurz verkochen lassen, dann die Pfanne vom Herd nehmen. Alles in eine Schüssel geben, Sesam untermischen und abkühlen lassen.

Inzwischen für den Dip die Chilischote in feine Ringe schneiden. Mit Sojasoße und Reisessig mischen.

Frühlingszwiebeln putzen, die weißen Teile längs vierteln und in feine Stückchen, das Grün in feine Ringe schneiden. Ingwer schälen und sehr fein würfeln. Beides mit dem Hackfleisch unter das abgekühlte Gemüse mischen. Salzen, pfeffern und alles gut vermengen.

Teigblätter auf ein Küchenbrett legen und ringsum etwa fingerbreit mit Wasser bestreichen. Je 1 TL Füllung in die Mitte eines Teigblattes geben und einschlagen, sodass ein Halbkreis entsteht. Ränder durch Aneinanderdrücken verschließen und falten, dabei darauf achten, dass keine Luft in den Gyoza bleibt. Fertige Teigtäschchen mit einem Tuch abdecken.

In zwei großen beschichteten Pfanne je ca. 2 EL Öl erhitzen. Gyoza nebeneinander hineinlegen. Bei mittlerer Hitze 3–4 Minuten braten, bis sie unten goldbraun sind. Dann vorsichtig jeweils 60 ml Wasser zugießen – es spritzt und dampft stark. Sofort abdecken und die Gyoza 6–8 Minuten bei schwacher Hitze dämpfen. Die Pfannen vom Herd nehmen, Gyoza vom Boden lösen. Erneut je ca. 1 TL Öl in die Pfannen geben. Die Gyoza mit der gebräunten Seite nach unten kurz knusprig braten. Auf Tellern anrichten, nach Belieben mit Chiliringen und Kräutern garnieren und sofort mit dem Dip servieren.

FÜR DIE GYOZA:
1 Knoblauchzehe
100 g Weißkohl
5 Shiitakepilze
2 EL weiße Sesamsamen
Öl zum Braten
2 EL Sojasoße
1 EL Mirin
2 Frühlingszwiebeln
20 g frischer Ingwer
300 g Schweinehackfleisch
Salz
frisch gemahlener schwarzer Pfeffer
2 Packungen tiefgekühlter Gyoza-Teig (ca. 40 Blätter, 300 g; in der Packung aufgetaut)
Chiliringe und frische Kräuter zum Garnieren (nach Belieben)

FÜR DEN DIP:
1 frische rote Chilischote
100 ml Sojasoße
50 ml Reisessig

Für 4 Personen als Vorspeise

Pulled Salmon Ramen

Für 4 Personen als Hauptspeise

FÜR DEN PULLED SALMON:
60 ml Sojasoße
40 ml Mirin
1 EL Zucker
400 g Lachsfilet (ohne Haut und Gräten)
Salz

FÜR DIE SUPPE:
4 Eier (Größe M)
40 g frischer Ingwer
1,2 l Fischfond oder Hühnerbrühe
100 ml Sake
2 EL Sojasoße
3 EL Reisessig
1 TL Zucker
250 g Instant-Ramennudeln
250 g Babyspinat
3 Frühlingszwiebeln
1 Schale Radieschensprossen oder Shiso-Kresse
1 EL weiße und schwarze Sesamsamen

Für den Pulled Salmon Sojasoße, Mirin und Zucker in einem kleinen Topf verrühren und unter Rühren aufkochen. Bei mittlerer Hitze unter Rühren 3–5 Minuten kochen lassen, bis sich der Zucker aufgelöst hat und die Soße dickflüssiger wird. Vom Herd nehmen und abkühlen lassen. Lachs kalt abspülen, trocken tupfen und mit der Soße in einen Gefrierbeutel geben. Den Beutel verschließen, den Lachs in der Soße wenden. 1 Stunde im Kühlschrank marinieren.

Den Backofen auf 220 °C vorheizen. Lachs aus dem Beutel nehmen, mit der Marinade in eine ofenfeste Form geben und leicht salzen. Im Ofen 18–20 Minuten garen, dabei mehrmals mit der Marinade bepinseln. Anschließend herausnehmen und abgedeckt beiseitestellen.

Die Eier für die Suppe in 6–7 Minuten wachsweich garen, anschließend abschrecken und abkühlen lassen. Ingwer schälen und in dünne Scheiben schneiden. Mit dem Fond in einen Topf geben und aufkochen lassen. Sake, Sojasoße, Essig und Zucker unterrühren und abgedeckt bei mittlerer Hitze 10 Minuten köcheln lassen.

Inzwischen die Nudeln nach Packungsanleitung garen, in ein Sieb abgießen und auf vier Suppenschalen verteilen. Spinat verlesen und waschen. Einen großen Topf erhitzen, den Spinat tropfnass hineingeben und bei großer Hitze zusammenfallen lassen. In ein Sieb geben, kalt abschrecken und abtropfen lassen. Anschließend gut ausdrücken und leicht auflockern. Frühlingszwiebeln putzen und schräg in Ringe schneiden.

Spinat auf die Nudeln legen, daneben etwas Frühlingszwiebeln. Die Eier pellen, längs halbieren und ebenfalls auf die Nudeln legen. Die kochend heiße Brühe durch ein feines Sieb darübergießen. Den Lachs mit einer Gabel zerpflücken und obenauf legen. Kresse vom Beet schneiden, mit dem Sesam über die Ramen streuen und servieren.

SO DUFTET

MAROKKO

Die schier überbordende Vielfalt an Gewürzen auf den Souks, den opulenten und faszinierenden Märkten, prägen die Küche des nordwestafrikanischen Gewürzwunderlandes. Besonders Suppen, Fleischgerichte und Tajines werden mit unterschiedlichsten Zutaten veredelt, meist in einem harmonischen Zusammenspiel von herben, scharfen, säuerlichen, süßlichen und frischen Aromen.

COUSCOUSSALAT
mit Harissa-Garnelen

RINDFLEISCH-TAJINE
mit Aprikosen

HARIRA
mit Lamm

BRIOUATS
mit Ziegenkäsefüllung
und Gewürzhonig

THUNFISCH-SPIESSE
auf Orangensalat

GEWÜRZE

Harissapaste

... wird meist aus Chilis, Kreuzkümmel, Koriandersamen, Knoblauch, Salz und Öl – je nach Variante auch aus weiteren Zutaten – hergestellt, die mit dem Mörser zu einer feinen Paste verarbeitet werden. Wer es in Marokko pikant und scharf mag, greift stets zu diesem Würzallrounder.

Zimt

... ist hierzulande fast ausschließlich in Süßspeisen im Einsatz, in Marokko ist Zimt jedoch auch ein wichtiges Gewürz für Fleischgerichte. Sein intensiver Duft und fein süßlicher Geschmack kommen am besten zur Geltung, wenn die Rinde im Ganzen dazugegeben und mitgegart wird.

Safran

... ist die Königin der Gewürze und ein zentraler Bestandteil der maghrebinischen Kochtradition. Zwar wird ein Großteil der feinen Fäden mittlerweile im Iran geerntet, doch hat der Anbau der Krokuspflanze auch in Marokko eine lange Tradition. Das sogenannte „rote Gold" schenkt Couscousgerichten, Tajines und Suppen sein warmes, unbeschreibliches Aroma.

Sternanis

... hat von China und Vietnam seinen Weg in die marokkanische Küche gefunden und ist dort, unter anderem als Bestandteil von Ras el-Hanout, nicht mehr wegzudenken. Der leicht lakritzartige Geschmack der auffälligen, sternförmigen Früchte des echten Sternanis verleiht Couscous- und Schmorgerichten eine charakteristische Note.

Ras el-Hanout

... ist die Quintessenz der maghrebinischen Gewürzliebe. Meist sind um die 25 Gewürze in der fein gemahlenen Mischung enthalten – in wechselnder Zusammensetzung, aber stets in einer ausgewogenen Komposition aus süßen, scharfen und bitteren Aromen.

Briouats
mit Ziegenkäsefüllung und Gewürzhonig

Pinienkerne in einer Pfanne ohne Fett bei nicht zu starker Hitze hellbraun anrösten und sofort herausnehmen. Datteln entkernen, in Ringe schneiden und anschließend fein hacken. Ziegenkäse in einer Schüssel mit einer Gabel zerdrücken. Das ganze Ei hineinschlagen und 1 EL Honig zugeben. Alles zu einer glatten Masse vermischen. Pinienkerne, Datteln und Zitronenschale unterheben. Mit Salz und Pfeffer würzen.

Filoteigblätter in je 5 ca. 6 cm breite Streifen schneiden. (Achtung: Der Filoteig trocknet sehr schnell aus. Während der Verarbeitung daher immer mit einem nebelfeuchten Tuch bedecken.) Die Ränder eines Teigstreifens dünn mit Eiweiß einpinseln. 1 gehäuften TL Ziegenkäsemasse mittig auf das untere schmale Ende des Streifens geben, dabei 0,5–1 cm Rand lassen. Den Teig diagonal so einklappen, dass ein Dreieck entsteht Dann in die andere Richtung einschlagen, sodass erneut ein Dreieck entsteht. So immer weiter falten, bis der Teigstreifen aufgebraucht und ein dreieckiges Päckchen entstanden ist. Den letzten überstehenden Teigrand erneut mit Eiweiß einpinseln, in die zwischen den Teigschichten entstandene Falte stecken und fest an den Teig drücken. Die übrigen Briouats genauso falten.

2 cm hoch Olivenöl in einer großen Pfanne erhitzen. Die Briouats darin portionsweise bei nicht zu starker Hitze goldbraun ausbacken, dabei einmal wenden. Das dauert jeweils nur wenige Minuten. Herausheben und auf Küchenpapier abtropfen lassen.

Für den Gewürzhonig Sternanis in einem Mörser fein zerstoßen. 6 EL Honig in einem kleinen Topf erwärmen, die Gewürze und nach Belieben etwas Zitronensaft unterrühren. Den Gewürzhonig über die fertigen Briouats träufeln oder zum Dippen dazu reichen. Warm oder lauwarm servieren.

4 EL Pinienkerne
6 getrocknete Datteln
250 g Ziegenkäsetaler
1 Ei (Größe M)
7 EL Honig
abgeriebene Schale einer Bio-Zitrone
Salz
frisch gemahlener schwarzer Pfeffer
6 Blätter Filoteig (à 30 x 31 cm oder größer)
1 Eiweiß
Olivenöl zum Ausbacken
6 Zacken Sternanis
½ TL Zimt
1–2 TL Zitronensaft

Für 5–6 Personen als Vorspeise oder Snack (30 Stück)

Couscoussalat
mit Harissa-Garnelen

Für 4 Personen als Vor- oder leichte Hauptspeise

1 Möhre (ca. 100 g)
1 rote Spitzpaprikaschote
1 kleine Zucchini (ca. 150 g)
1 rote Zwiebel
4 EL Olivenöl
4 TL Honig
Salz
frisch gemahlener schwarzer Pfeffer
200 g Couscous
40 g Rosinen
1 große Bio-Zitrone
350 ml Hühnerbrühe
1 Döschen Safranfäden (0,1 g)
1 TL Ras el-Hanout
1 Prise Zimt
2 Zacken Sternanis
4 Stängel Petersilie
6 Stängel Minze
40 g gesalzene Pistazien
450 g Garnelen (geschält und entdarmt)
2 Knoblauchzehen
2 TL Harissapaste

Das Gemüse schälen bzw. putzen und klein würfeln. 1½ EL Olivenöl in einer Pfanne erhitzen und das Gemüse darin rundherum ca. 6 Minuten anbraten. 2 TL Honig zugeben und leicht karamellisieren. Mit Salz und Pfeffer würzen und vom Herd nehmen.

Couscous und Rosinen in einer Schüssel mischen. Die Zitronenschale fein abreiben, den Saft der Frucht auspressen. Die Hühnerbrühe in einem Topf mit Safran, Ras el-Hanout, Zimt und Sternanis zum Kochen bringen. Zitronenschale zugeben, die Flüssigkeit über den Couscous gießen und diesen 10 Minuten abgedeckt quellen lassen.

Die Kräuterblätter abzupfen und (bis auf die Blätter von 2 Stängeln Minze) in Streifen schneiden. Pistazien aus der Schale lösen und grob hacken. 2 EL Zitronensaft, 1½ EL Olivenöl und restlichen Honig verrühren. Über den Couscous gießen, gut mischen und mit Salz, Pfeffer und Zitronensaft abschmecken. Gemüse, geschnittene Kräuter und zwei Drittel der Pistazien unterheben.

Die Garnelen unter kaltem Wasser abspülen und trocken tupfen. Knoblauch schälen und durchpressen. Restliches Olivenöl in einer Pfanne erhitzen und die Garnelen bei nicht zu starker Hitze von jeder Seite jeweils 2 Minuten anbraten, bis sie knapp gar sind. Knoblauch und Harissa zugeben und kurz in der Pfanne schwenken. Mit 1 EL Zitronensaft ablöschen, mit Salz und Pfeffer abschmecken. Die Blättchen von den 2 restlichen Stängeln Minze abzupfen. Den Salat auf vier Teller verteilen, die Harissa-Garnelen, die restlichen Pistazien und die Minzblättchen darauf anrichten und servieren.

Thunfisch-Spieße
auf Orangensalat

Für die Chermoula-Marinade Koriander- und Petersilienblätter abzupfen. Blätter von 2 Stängeln Petersilie beiseitelegen, die restlichen Kräuter grob hacken. Knoblauch schälen und grob würfeln. Zitronenschale abreiben, den Saft der Frucht auspressen. Gehackte Kräuter, Knoblauch, Zitronenschale sowie 1 EL -saft im Blitzhacker mit 3 EL Olivenöl, 1 TL Honig, Kreuzkümmel und Paprikapulver fein hacken. Mit Salz und Pfeffer würzen.

Paprikaschoten längs halbieren, Kerne und weiße Innenhäute entfernen. Die Hälften in 3–4 cm große Stücke schneiden. 4 Zwiebeln schälen und vierteln. Beides in einem Topf mit Dämpfeinsatz über kochendem Wasser 3 Minuten dämpfen. Dann kalt abschrecken und abtropfen lassen. Das Gemüse im Ras el-Hanout wenden.

Thunfisch waschen, trocken tupfen und würfeln (3–4 cm Kantenlänge). Fisch, Paprika und Zwiebeln abwechselnd auf 8 Holzspieße stecken. Mit 2 EL der Marinade bepinseln.

Orangen mit einem Messer schälen, dabei auch die weiße Haut entfernen, das Fruchtfleisch anschließend in dünne Scheiben schneiden, die Kerne herauslösen. Übrige Zwiebeln schälen und in feine Ringe schneiden. Oliven ebenfalls in Ringe schneiden.

Für das Dressing Essig und 1 EL Zitronensaft mit übrigem Honig, 2 EL Olivenöl und Harissa verrühren. Mit Salz und Pfeffer abschmecken. Die Orangenscheiben auf vier großen Tellern auslegen. Zwiebelringe und Oliven darauflegen. Mit dem Dressing beträufeln und mit den übrigen Petersilienblättern bestreuen.

Restliches Olivenöl in zwei beschichteten Pfannen erhitzen, die Spieße darin rundherum ca. 4 Minuten anbraten, bis der Fisch außen gar, aber in der Mitte noch glasig ist. Dabei hin und wieder mit der Chermoula-Marinade bepinseln. Die Spieße salzen und pfeffern und zum Salat auf die Teller legen. Die restliche Chermoula in Schälchen dazu servieren.

8 Stängel Koriandergrün
4 Stängel Petersilie
2 Knoblauchzehen
½ Bio-Zitrone
7 EL Olivenöl
3 TL Honig
1 TL gemahlener Kreuzkümmel
½ TL edelsüßes Paprikapulver
Salz
frisch gemahlener schwarzer Pfeffer
2 rote Paprikaschoten
6 kleine rote Zwiebeln
1 TL Ras el-Hanout
600 g Thunfischfilet (ohne Haut)
4 Orangen
60 g schwarze Oliven (ohne Stein)
1 EL Branntweinessig (oder Weißweinessig)
1 TL Harissapaste

Für 4 Personen als leichte Hauptspeise

Harira

mit Lamm

Für 4 Personen als Hauptspeise

1 Zwiebel
2 Knoblauchzehen
1 Scheibe Ingwer
1 frische grüne Chilischote
150 g Kichererbsen (Dose)
1 Döschen Safranfäden (0,1 g)
2 EL Olivenöl
200 g Lammhackfleisch
¼ TL Zimt
½ TL gemahlener Kreuzkümmel
1 EL Zucker
1 Dose stückige Tomaten (400 g)
50 g rote Linsen
100 g TK-Suppengemüse (oder die gleiche Menge frisches, gewürfeltes Gemüse: Möhre, Sellerie, Lauch)
50 g Rosinen
Salz
1 ½ Bio-Zitronen
frisch gemahlener schwarzer Pfeffer
2 Stängel Petersilie oder Koriandergrün

Zwiebel, 1 Knoblauchzehe und Ingwer schälen, Chilischote längs halbieren und entkernen. Alles fein würfeln. Kichererbsen in ein Sieb abgießen, kalt abspülen und abtropfen lassen. 400 ml Wasser erhitzen und den Safran unterrühren.

Olivenöl in einem großen Topf erhitzen, das Hackfleisch darin bröselig anbraten. Zwiebelwürfel zugeben und mitbraten, bis sie glasig und leicht gebräunt sind. Knoblauch-, Ingwer und Chiliwürfel sowie Kreuzkümmel zufügen und ebenfalls kurz mitbraten. Den Zucker zufügen und etwas karamellisieren. Tomaten, Kichererbsen, Linsen, Suppengemüse, Rosinen und das Safranwasser zufügen, mit Salz würzen, alles zum Kochen bringen und abgedeckt bei schwacher bis mittlerer Hitze 10–15 Minuten köcheln lassen.

Die Schale einer Zitrone abreiben, den Saft der Frucht auspressen. Zitronenschale in die Suppe rühren. Restlichen Knoblauch schälen und dazupressen. Die Suppe mit Salz, Pfeffer und Zitronensaft abschmecken. Petersilien- bzw. Korianderblätter abzupfen und nach Wunsch fein hacken. Die halbe Zitrone in dünne Scheiben schneiden, diese anschließend vierteln. Die Suppe auf tiefe Teller oder Schalen verteilen und mit den Kräutern und Zitronenstücken garnieren.

Rindfleisch-Tajine

mit Aprikosen

Für die Tajine-Gewürzmischung den Sternanis zerstoßen und mit den übrigen Gewürzen mischen, mit Salz und Pfeffer abrunden. Zwiebeln und Knoblauch schälen, Zwiebeln grob, Knoblauch fein würfeln. Das Fleisch trocken tupfen.

In einer großen Schmorpfanne Olivenöl erhitzen. Das Fleisch darin rundherum anbraten, bis es leicht gebräunt ist, dann wieder herausnehmen und mit dem Gewürzpulver mischen. Die Zwiebeln in die Pfanne geben und darin bei nicht zu starker Hitze glasig dünsten.

Knoblauch und Fleisch in die Pfanne geben und kurz mitdünsten. 250 ml Wasser angießen, alles leicht salzen und aufkochen. Dann abgedeckt bei schwacher Hitze 1½ Stunden schmoren.

Die Aprikosen bis auf 2 Stück zugeben und weitere 20 Minuten schmoren, dann die Tomaten zufügen und noch 20 Minuten fertig schmoren.

Inzwischen die Schale von beiden Zitronen fein abreiben, den Saft einer Frucht auspressen. Die Kräuterblätter abzupfen und bis auf 2 EL fein hacken. Restliche Aprikosen fein würfeln.

Die Pfanne vom Herd nehmen. Zitronenschale und 2 EL -saft sowie die gehackten Kräuter unterrühren. Die Tajine mit Salz abschmecken und mit den restlichen Kräutern und den Aprikosen bestreuen. Dazu passt Couscous.

Tipp:

Für eine klassische Zubereitung in einer Tajine aus Ton Zwiebeln, Knoblauch und Fleisch roh mit den Gewürzen mischen und in die Tajine legen. Olivenöl und Wasser zugeben. Die Tajine in den Backofen stellen. Ofentemperatur auf 180 °C einstellen und die Tajine darin erhitzen. Das Fleisch 1½ Stunden schmoren. Die anderen Zutaten wie beschrieben zugeben und die Tajine fertigstellen.

---

4 Zacken Sternanis
1 TL gemahlener Koriander
1 TL gemahlener Kreuzkümmel
1 TL Ingwerpulver
1 Döschen Safranfäden (0,1 g)
2 Msp. Zimt
1 TL Ras el-Hanout
Salz
frisch gemahlener schwarzer Pfeffer
4 Zwiebeln
3 Knoblauchzehen
800 g Rindergulasch
2 EL Olivenöl
200 g getrocknete Aprikosen
250 g Kirschtomaten
2 Bio-Zitronen
je 1 Bund Petersilie und Koriandergrün

Für 4 Personen als Hauptspeise

MAROKKO

SO DUFTET
MEXIKO

¡Ay caramba! Hier brodelt es chilischarf in Topf und Kessel. Doch auch neben heißen Schoten hat die mexikanische Küche einiges zu bieten: feine Limettensäure, frisches Koriandergrün und mild schmelzende Avocado. Ein perfekter Mix, der in üppiger Art und Weise in Eintöpfen, Tacos, Tortillas und Co. zum Einsatz kommt.

★ **BOHNEN-TOSTADAS** *mit Guacamole*

★ **TACOS** *mit knusprigem Schweinefleisch und Ananas*

BEEF STEW ★

GARNELEN-TACOS ★
mit Papaya-Salsa

GEGRILLTE MAISKOLBEN ★

GEWÜRZE

Kreuzkümmel

… gelangte zusammen mit den Spaniern nach Mexiko, wo er verwendet wird, um den Geschmack von Chilischoten abzurunden. Häufig findet er zudem Verwendung als Zutat von Taco-Gewürzmischungen.

Koriandergrün

… ist bekannt für seinen etwas „seifigen" Geruch. Meist verbunden mit der südostasiatischen Küche, findet Koriandergrün jedoch auch in Mexiko häufigen Gebrauch. Es wird so frisch wie möglich Salsas und Guacamole beigemengt; auch als Dekoration von Speisen wird es gern verwendet.

Chipotle

... bezeichnet die geräucherten Früchte des Jalapeño-Strauches. Während man in Mexiko auch ganze Schoten kaufen kann, findet man in Deutschland eher zu Pasten oder Pulver verarbeitete Chipotle-Zubereitungen. Sie verleihen Salsas und Marinaden eine typisch rauchig-erdige Schärfe.

Limetten

... sind essentieller Bestandteil der mexikanischen Küche. Kaum ein Gericht – sei es Frühstück, Dinner oder der Snack zwischendurch – kommt hier ohne die kleine Grüne aus. Ihr Aroma verleiht vielen Drinks, Obstsalaten und Tacos erst die spritzige Würze. In Gerichten wie der aus Peru importierten Ceviche sorgt sie dafür, dass Fisch und Shrimps in ihrer Säure „garen".

Chili/-pulver

... ist **die** Zutat für mexikanische Gerichte! Mexiko gilt als Ursprungsort der scharfen Schoten, dortzulande werden an die 90 verschiedene Varianten genutzt. Nicht alle sind zwangsläufig scharf – manche verfügen über einen süßlich-dezenten Geschmack, andere über ein prickelnd-fruchtiges Aroma. Werden sie nicht frisch verwendet, treten sie als Gewürzpulver auf. Egal wie, sie sind unverzichtbarer Bestandteil eines jeden mexikanischen Rezeptes.

MEXIKO

Gegrillte Maiskolben

Für 4 Personen als Beilage oder Snack

4 frische Maiskolben, möglichst mit Hüllblättern (alternativ vorgegarte Maiskolben)
1 kleines Bund Koriandergrün
3 EL Mayonnaise
3 EL griechischer Joghurt (10 % Fett)
2 EL saure Sahne
100 g Schafskäse (Feta)
1 Bio-Limette
Salz
frisch gemahlener schwarzer Pfeffer
¼–½ TL Chilipulver
30 g Butter
1 Knoblauchzehe

Frische Maiskolben in eine Schüssel legen und so viel Wasser zugeben, dass sie gerade gut bedeckt sind. Mit einer weiteren Schüssel beschweren, damit sie nicht an der Oberfläche schwimmen. 1 Stunde wässern – so verbrennen sie später auf dem Grill nicht! (Werden vorgegarte Maiskolben verwendet, entfällt dieser Schritt.)

Inzwischen die Korianderblätter abzupfen und nicht zu fein hacken. Mayonnaise, Joghurt und saure Sahne verrühren, 1 EL Koriandergrün unterheben. Den Schafskäse trocken tupfen und mit einer Gabel fein zerbröckeln. 2 EL davon beiseitestellen, den Rest unter die Creme rühren. Von einer Hälfte der Limette die Schale fein abreiben und ebenfalls unterrühren. Die Creme mit Salz, Pfeffer und ¼ TL Chilipulver würzen. Die Limette in Spalten oder Scheiben schneiden.

Den Kohle- oder Gasgrill vorheizen. Butter in einem Topf schmelzen. Knoblauch schälen und dazupressen. Die rohen Maiskolben in den Hüllblättern auf dem heißen Grill rundherum ca. 10 Minuten grillen. Dann vom Grill nehmen und die Hüllblätter samt Fäden entfernen. Die Kolben nun auf dem Grill weitere 8–10 Minuten grillen (bzw. jetzt die vorgegarten Maiskolben auflegen), dabei etwa alle 2 Minuten drehen und mit der flüssigen Knoblauchbutter bepinseln.

Die schön gebräunten Maiskolben auf Teller legen und mit der Käsecreme beträufeln. Mit dem übrigen Käse und Koriandergrün bestreuen, nach Geschmack das restliche Chilipulver darübergeben. Die Limettenstücke zum individuellen Abschmecken dazulegen.

Tipp:
Besonders hübsch sieht es aus, wenn man nach dem Grillen noch halbierte Chicoréeblätter auf die Spieße steckt.

Garnelen-Tacos
mit Papaya-Salsa

Für die Salsa die Papaya längs halbieren, schälen und die Kerne mit einem Löffel herauskratzen. Avocados längs halbieren, Steine und Schale entfernen. Avocado- und Papayahälften würfeln, mit 1 EL Limettensaft mischen.

Die Zwiebel schälen und fein würfeln. Chili längs halbieren, entkernen und sehr fein würfeln. Korianderblätter abzupfen und hacken. 4 EL Limettensaft kräftig mit dem Öl verschlagen und mit den vorbereiteten Zutaten mischen. Mit Salz und Pfeffer würzen und 30 Minuten ziehen lassen, dann die Salsa nochmals mit Limettensaft, Salz, Pfeffer und bei Bedarf Zucker abschmecken.

Für die Tacos die Tortillas nach Packungsanweisung erwärmen, in ein sauberes Tuch einschlagen und im Ofen bei 60 °C warm halten. Garnelen kalt abspülen und trocken tupfen. Knoblauch schälen und fein würfeln. Chili(s) längs halbieren, entkernen und sehr fein würfeln. Den Saft einer Limette auspressen, die übrigen 1½ Limetten in 12 gleich große Stücke schneiden und beiseitelegen. Korianderblätter abzupfen und fein hacken.

Öl in einer großen beschichteten Pfanne bei schwacher bis mittlerer Hitze erhitzen. Knoblauch zugeben und andünsten, ohne dass er bräunt, um das Öl zu aromatisieren. Knoblauch aus dem Öl nehmen und beiseitestellen.

Garnelen im Knoblauchöl 3–4 Minuten bei mittlerer Hitze braten, bis sie rosa und leicht gebräunt sind. Gegen Ende die Chiliwürfel zugeben und kurz mitbraten. Die Hitze reduzieren, Garnelen salzen und pfeffern, Limettensaft und den gebratenen Knoblauch zugeben und bei schwacher Hitze 1–2 Minuten nachgaren. Zwei Drittel des Koriandergrüns untermischen.

Tortillas aus dem Ofen nehmen, reichlich Salsa darauf anrichten, Garnelen darauf verteilen, und mit übrigem Koriander bestreuen. Mit den Limettenstücken zum Beträufeln servieren.

FÜR DIE SALSA:
1 kleine Papaya
2 kleine Avocados
5–6 EL Limettensaft
1 rote Zwiebel
1 kleine frische rote Chilischote
½ Bund Koriandergrün
2 EL Olivenöl
Salz
frisch gemahlener schwarzer Pfeffer
2–3 Prisen brauner Zucker

FÜR DIE TACOS:
12 kleine Mais-Tortillas (à ca. 15 cm Ø)
500 g Garnelen (geschält und entdarmt)
5 Knoblauchzehen
1–2 kleine frische rote Chilischoten
2½ Bio-Limetten
⅖ Bund Koriandergrün
5 EL Olivenöl
Salz
frisch gemahlener schwarzer Pfeffer

Für 4 Personen als Hauptspeise (12 Stück)

MEXIKO

Bohnen-Tostadas
mit Guacamole

FÜR DIE GUACAMOLE:
1 kleine weiße Zwiebel
½ Bund Koriandergrün
2 reife Avocados
4–5 EL Limettensaft
1 Knoblauchzehe
2 Msp. Chilipulver
½ TL gemahlener Kreuzkümmel
Salz
frisch gemahlener schwarzer Pfeffer

FÜR DIE TOSTADAS:
2 Dosen Kidney- oder Pinto-Bohnen (à 400 g Füllgewicht)
1 kleine Zwiebel
1 Knoblauchzehe
3 EL Öl zum Braten
Salz
frisch gemahlener schwarzer Pfeffer
2 Msp. Chilipulver
½ TL getrockneter Oregano
2 Tomaten
2 Frühlingszwiebeln
1 Jalapeñoschote
½ Bund Koriandergrün
1 EL Limettensaft
Öl zum Frittieren
12 kleine Mais-Tortillas (à ca. 15 cm Ø)

Für 4 Personen als Hauptspeise (12 Stück)

Für die Guacamole Zwiebel schälen und sehr fein würfeln. Korianderblätter abzupfen und fein hacken. Avocados längs halbieren und entsteinen. Fruchtfleisch mit einem Löffel aus der Schale lösen und in einer Schüssel mit 4 EL Limettensaft mischen. Knoblauch schälen und dazupressen. Avocado und Knoblauch mit einer Gabel zu einem groben Mus zerdrücken. Zwiebelwürfel, Koriander und Gewürze untermischen. Mit Salz, Pfeffer und Limettensaft abschmecken und beiseitestellen.

Für die Tostadas die Bohnen in einem Sieb abtropfen lassen, dabei das Einlegewasser auffangen. Zwiebel und Knoblauch schälen und fein würfeln. Öl in einem Topf erhitzen, Zwiebel und Knoblauch darin andünsten. Bohnen zugeben und unter Rühren 2–3 Minuten braten. Mit 250 ml Einlegewasser ablöschen, mit Salz, Pfeffer, Chili und Oregano würzen und 4–5 Minuten köcheln lassen. Mit einem Kartoffelstampfer leicht zerstampfen. Warm halten.

Tomaten von den Stielansätzen befreien, das Fruchtfleisch fein würfeln. Frühlingszwiebeln putzen und in feine Ringe schneiden. Jalapeño längs halbieren, entkernen und fein würfeln. Korianderblätter abzupfen und grob hacken. Tomaten, Frühlingszwiebeln und Jalapeño mit 2 EL Koriander und dem Limettensaft mischen, mit Salz und Pfeffer würzen.

In einem Topf 1 cm hoch Öl erhitzen. Die Tortillas darin einzeln jeweils 1–2 Minuten knusprig braun braten, dabei einmal wenden und aufpassen, dass sie nicht verbrennen. Herausheben und auf Küchenpapier abtropfen lassen. Gelegentlich etwas Öl nachfüllen. Fertige Tortillas im Ofen bei 60 °C warm halten.

Die frittierten Tortillas (Tostadas) mit der Bohnenmasse bestreichen. Jeweils einen ordentlichen Klecks Guacamole und 1–2 EL Tomaten-Jalapeño-Salsa daraufgeben und mit dem übrigem Koriandergrün bestreuen. Wer mag, serviert dazu noch Avocadospalten.

Tacos

mit knusprigem Schweinefleisch und Ananas

Für das Fleisch am Vortag Knoblauch schälen und grob würfeln. Ananas schälen, Strunk und dunkle Stellen entfernen, das Fruchtfleisch würfeln und mit Knoblauch, Zitrussäften und den übrigen Würzzutaten fein pürieren. Mit knapp 1 TL Salz und etwas Pfeffer kräftig würzen. Fleisch in vier gleich große Stücke schneiden, samt Marinade in einen Gefrierbeutel geben, diesen verschließen. Im Kühlschrank über Nacht ziehen lassen.

Am nächsten Tag den Backofen auf 160 °C vorheizen. Fleisch samt Marinade mit der Fettseite nach oben in einen passenden Bräter geben. Abgedeckt im Ofen auf der unteren Schiene 2 Stunden garen. Anschließend offen weitere 1½ Stunden garen, dabei hin und wieder mit Bratensud übergießen. Bräter aus dem Ofen nehmen, Fleisch herausheben. Vollständig abkühlen lassen.

Backofentemperatur auf 180 °C erhöhen. Ananas längs in 6 Spalten schneiden. Strunk, Schale und dunkle Stellen entfernen. Spalten mit 2 EL Fett, das sich auf dem Fleischsaft abgesetzt hat, bepinseln und auf ein mit Backpapier ausgelegtes Blech legen. Im Ofen ca. 30 Minuten garen, dabei mehrmals wenden, bis alle Seiten leicht gebräunt sind.

Ananas vom Blech nehmen. Fleisch in dünne Scheiben schneiden und mit 8 EL des Bratensaftes (samt Fett) auf dem Blech vermischen. Backofengrill auf höchster Stufe dazuschalten, Fleisch auf der oberen Schiene 3–5 Minuten grillen. Dabei einmal wenden, evtl. weitere 1–3 EL Bratensud zugeben. Ananas zurück auf das Blech legen. Weitere 4–8 Minuten grillen, bis alles schön gebräunt ist. Inzwischen die Tortillas unter dem Blech auf einem Rost kurz erwärmen. Zwiebeln schälen und grob würfeln, Limetten vierteln. Korianderblätter abzupfen.

Fleisch und Ananas aus dem Ofen nehmen. Ananas in dünne Scheiben schneiden. Fleisch, Ananas, Zwiebelwürfel und Koriandergrün auf den Tortillas anrichten. Mit den Limetten zum Beträufeln servieren.

FÜR DAS FLEISCH:
3 Knoblauchzehen
¼ kleine reife Ananas
Saft einer Orange
Saft einer Limette
1 TL getrockneter Oregano
1 TL Chilipulver
½ TL Chipotle-Chilipulver oder -flocken
1 ½ TL gemahlener Kreuzkümmel
1 ½ TL brauner Zucker
2 EL Weißweinessig
Salz
frisch gemahlener schwarzer Pfeffer
1,2 kg Schweineschulter (ohne Knochen, ohne Schwarte, aber mit Fettrand)

AUSSERDEM:
¾ kleine reife Ananas
12 kleine Mais-Tortillas (à ca. 15 cm Ø)
2 rote Zwiebeln
3 Bio-Limetten
1 Bund Koriandergrün

Für 4 Personen als Hauptspeise (12 Stück)

MEXIKO

Beef Stew

Für 4–6 Personen als Hauptspeise

FÜR DEN EINTOPF:
1 kg Rinderbeinscheiben (mit Knochen)
1 kg Rinderschulter
2 Zwiebeln
4 Knoblauchzehen
Öl zum Braten
Salz
frisch gemahlener schwarzer Pfeffer
1 EL Tomatenmark
1 TL getrockneter Oregano
½ TL getrockneter Thymian
2 TL gemahlener Kreuzkümmel
2 Msp. gemahlene Nelken
1 EL brauner Zucker
1 Dose stückige Tomaten (400 g)
2 Lorbeerblätter
1 Zimtstange
2–3 EL Limettensaft
5 EL Rotweinessig
1 l Rinderbrühe
1½–2 TL Chilipulver
1½–2 TL Chipotle-Chilipulver

AUSSERDEM:
1 große rote Zwiebel
1 Bund Koriandergrün
1–2 Bio-Limetten

Den Backofen auf 160 °C vorheizen. Das Fleisch kalt abspülen und trocken tupfen. Rinderschulter in ca. 8 cm große Stücke schneiden. Zwiebeln und Knoblauch schälen und grob würfeln. Reichlich Öl in einem Bräter erhitzen, darin sämtliches Fleisch portionsweise rundum braun anbraten. Jeweils salzen, pfeffern und herausnehmen. Einen Großteil des Öls abgießen, dann die Zwiebeln in den Bräter geben und bei mittlerer Hitze hellbraun andünsten. Knoblauch zugeben und kurz mitdünsten.

Tomatenmark, Kräuter, Kreuzkümmel und Nelken in den Topf geben, unter Rühren kurz mitrösten. Zucker zufügen und leicht karamellisieren. Tomaten zugeben und 3–5 Minuten bei mittlerer Hitze unter Rühren mitdünsten. Alles mit dem Stabmixer fein pürieren. Lorbeer, Zimt, Limettensaft, Essig und 500 ml Rinderbrühe zugeben. Aufkochen und mit 1½ TL Chili- und 1 TL Chipotlepulver sowie Salz und Pfeffer würzen. Fleisch in die Soße einlegen. Abgedeckt im Ofen auf der unteren Schiene 3–3½ Stunden garen, bis das Fleisch sehr weich ist und sich leicht auseinanderzupfen lässt.

Bräter aus dem Ofen nehmen, Fleischstücke herausheben und leicht abkühlen lassen. Fleisch bei Bedarf von den Knochen lösen und mit einer Gabel grob zerfasern. Fett von der Soße abschöpfen, Zimt und Lorbeer entfernen, die übrige Rinderbrühe angießen. Aufkochen lassen, das Fleisch hineingeben und nochmals 15 Minuten bei schwacher Hitze auf dem Herd köcheln lassen.

Rote Zwiebel schälen und fein würfeln. Korianderblätter abzupfen und grob hacken. Limetten in Spalten schneiden. Eintopf nochmals mit Chili- und Chipotlepulver sowie Salz, Pfeffer und etwas Limettensaft abschmecken. Mit reichlich Koriander und Zwiebelwürfeln bestreuen und mit Limettenspalten zum Beträufeln servieren. Dazu passen warme Tortillas, Mais- oder Weißbrot.

SO DUFTET
SPANIEN

Neben der aus Mittelamerika importierten Vorliebe für Paprika- und Chilipulver sowie Safran aus Marokko vertraut die spanische Küche auf Knoblauch und mediterrane Kräuter wie Rosmarin, Petersilie, Oregano und Lorbeer. Und das reicht völlig aus, um ihr einen ganz eigenständigen, genialen und unverwechselbaren Charakter zu verleihen.

★ **TORTILLA**
mit Serrano-Schinken

GEMISCHTE TAPAS ★

★ **KICHERERBSEN-TOPF**
mit Chorizo

WOLFSBARSCH
mit Runzelkartoffeln
und Mojo verde ★

PAELLA ★
mit Garnelen
und Merguez

GEWÜRZE

Petersilie

... sieht in Mitteleuropa häufig kleinblättrig und gekräuselt aus, präsentiert sich in ihrer südlichen Variante aber als glattblättriges, mildes Kraut. Sie schmeckt hervorragend in Kombination mit Zitrone, Olivenöl und Knoblauch, z. B. als Mojo verde von den Kanaren – etwa zu Grillgerichten.

Pimentón de la Vera

... ist ein erlesenes Gewürz mit Herkunftsgarantie: So wie echter Champagner aus der Champagne stammen muss, stammt dieses geräucherte Chilipulver aus dem Vera-Tal der spanischen Provinz Extremadura – je nach Wunsch in einer milden (dulce) oder einer scharfen Variante (picante). Die berühmte Chorizo-Wurst kommt nicht ohne aus; Pimentón würzt aber auch Fleisch- und Gemüsegerichte auf charakteristische Weise.

... gilt als das wertvollste Gewürz der Welt: Für ein Kilo Safranfäden müssen gut 200.000 Safran-Krokuspflänzchen geerntet werden! In Spanien erhält nicht nur die weltberühmte Paella ihre goldgelbe Farbe und das unverwechselbare Aroma durch die zarten Fäden, sondern auch Eintöpfe und Soßen. Damit sein Duft nicht verfliegt, sollte Safran nie längere Zeit mitgekocht werden.

Safran

Rosmarin

... wird seit der Antike angebaut und findet dank seines hohen Anteils an ätherischen Ölen in der Küche, der Heilkunde und auch der Herstellung von Parfüms Verwendung. Sehr gut harmoniert Rosmarin mit gegrilltem Fleisch und Geflügel; auch Kartoffeln und verschiedene Gemüsearten profitieren von seiner herb-würzigen, an Nadelholz erinnernden Note.

Lorbeer

... steht als Blätterkranz in vielen Kulturen für Triumph und Sieg, und auch in der Küche gereichen die dunkelgrünen Blätter dieser Heil- und Gewürzpflanze jedem Gericht zur Ehre! Sein markantes Aroma passt gut zu deftigen Suppen und Eintöpfen.

Gemischte Tapas

Für die Safran-Aioli alle Zutaten Zimmertemperatur annehmen lassen. Knoblauch schälen und fein würfeln. Ei, Knoblauch, 2 TL Zitronensaft und Safran in einen Mixbecher geben, mit etwas Salz würzen und beide Ölsorten hineingießen. Den Stabmixer in den Becher stellen. Am Boden beginnend durchmixen, dann langsam nach oben ziehen, bis eine cremige Aioli entstanden ist. Mit Salz und Zitronensaft abschmecken. Je 2 EL Aioli auf vier Schälchen verteilen, die restliche Aioli für die Pintxos verwenden.

Für die Patatas bravas Kartoffeln schälen, längs vierteln und grob würfeln oder in Spalten schneiden. Öl in einer großen Pfanne erhitzen, die Kartoffeln darin bei nicht zu starker Hitze etwa 10 Minuten hellbraun ausbacken, nach 8 Minuten den Rosmarin zugeben.

Inzwischen für die Pintxos das Baguette mit je 1–2 TL Safran-Aioli bestreichen. Apfelhälfte entkernen. Avocado entsteinen und das Fruchtfleisch aus der Schale lösen. Beides in Scheiben schneiden, mit je 1 EL Zitronensaft beträufeln, salzen und pfeffern.

Jakobsmuscheln trocken tupfen. Öl in einer Pfanne erhitzen, die Muscheln darin 3 Minuten von beiden Seiten anbraten. Petersilienblätter abzupfen und fein hacken. Muscheln mit dem restlichen Zitronensaft beträufeln, mit Salz und Pfeffer würzen. Zunächst die Apfel- und Avocadoscheiben, dann die Muscheln auf die Brote legen. Mit Petersilie bestreuen und mit Holzspießchen feststecken.

Die Kartoffeln aus der Pfanne heben und auf Küchenpapier abtropfen lassen. Für die Pimientos Olivenöl in einer Pfanne erhitzen. Paprikaschoten darin rundherum braten, bis die Haut Blasen wirft und an einigen Stellen leicht gebräunt ist. Inzwischen die Kartoffeln mit Salz und Pimentón würzen und auf Tapasschalen verteilen. Pimientos aus der Pfanne nehmen, auf Küchenpapier abtropfen lassen und mit Fleur de Sel bestreuen. Auf Tellern anrichten. Alle Tapas gemeinsam mit der Aioli servieren.

FÜR DIE SAFRAN-AIOLI
4 Knoblauchzehen
1 Ei (Größe M)
2–3 TL Zitronensaft
½ Döschen Safranfäden
(0,05 g)
Salz
100 ml neutrales Öl (z. B. Sonnenblumenöl)
100 ml Olivenöl

FÜR DIE PATATAS BRAVAS:
700 g Kartoffeln (festkochend)
300 ml Olivenöl
2 Zweige Rosmarin
Salz
½ TL Pimentón de la Vera (ersatzweise edelsüßes Paprikapulver)

FÜR DIE PINTXOS:
8 Scheiben Baguette
½ Apfel
½ Avocado
3 EL Zitronensaft
Salz
frisch gemahlener schwarzer Pfeffer
8 Jakobsmuscheln
1 EL Öl zum Braten
1 Stängel Petersilie

FÜR DIE PIMIENTOS DE PADRÓN:
200 ml Olivenöl
200 g Pimientos de Padrón (kleine spanische Grillpaprika)
Fleur de Sel

Für 4 Personen als Snack zu Bier oder Wein

SPANIEN

Tortilla
mit Serrano-Schinken

Für 4 Personen als Snack oder leichte Hauptspeise

400 g gekochte Pellkartoffeln (vom Vortag)
1 Zwiebel
50 g schwarze Oliven (ohne Stein)
2 Zweige Rosmarin
50 g Serrano-Schinken (in Scheiben)
5 EL Olivenöl
Salz
frisch gemahlener schwarzer Pfeffer
30 g Manchego-Käse (am Stück)
4 Eier (Größe M)
½ TL Pimentón de la Vera (ersatzweise edelsüßes Paprikapulver)
1 Stängel Petersilie

Kartoffeln pellen und in Scheiben schneiden. Die Zwiebel schälen und grob würfeln. Die Oliven halbieren, einige Stücke für die Garnitur zur Seite stellen. Rosmarinnadeln abzupfen und fein hacken. Den Schinken in feine Streifen schneiden, ein wenig für die Garnitur zur Seite stellen.

In einer kleinen beschichteten Pfanne (20 cm Ø) 3 EL Olivenöl erhitzen. Kartoffeln und Zwiebeln darin bei mittlerer Hitze etwa 8 Minuten braten, ohne dass die Kartoffeln allzu braun werden, dabei gelegentlich wenden. Schinkenstreifen, Oliven und Rosmarin zugeben und weitere 3 Minuten braten. Salzen und pfeffern.

Den Käse reiben, ein wenig für die Garnitur zur Seite stellen. In einer Schüssel die Eier, ½ TL Salz und Pimentón verquirlen, mit etwas Pfeffer würzen. Die Kartoffel-Schinken-Oliven-Mischung aus der Pfanne und den Käse zugeben, alles gut mischen.

Erneut 1 EL Olivenöl in der Pfanne erhitzen, die Eiermasse hineingeben. Abgedeckt bei mittlerer Hitze 6 Minuten braten, bis die Masse gestockt ist. Dann auf einen Teller stürzen. Restliches Öl in die Pfanne geben, die Tortilla wieder hineingleiten lassen und abgedeckt von der zweiten Seite 5–6 Minuten fertig braten.

Petersilienblätter abzupfen und fein hacken. Die fertige Tortilla auf einen Teller gleiten lassen. In Tortenstücke schneiden, mit Petersilie, übrigen Oliven, Schinkenstreifen und Käse garnieren. Warm oder kalt servieren. Dazu passen Brot und ein knackiger Salat.

Wolfsbarsch
mit Runzelkartoffeln und Mojo verde

Den Backofen auf 200 °C vorheizen. Die Rosmarinnadeln eines Zweiges abzupfen, fein hacken und mit dem Meersalz mischen. Die Kartoffeln gründlich waschen und noch tropfnass mit dem Rosmarinsalz einreiben. Auf einem mit Backpapier ausgelegten Blech im heißen Backofen ca. 30 Minuten backen, bis sie weich und runzelig sind.

Inzwischen für die Mojo verde die Blätter von Petersilie und Koriander abzupfen und grob hacken. Die Chilischote längs halbieren, entkernen und klein schneiden. Den Knoblauch schälen und grob würfeln. Die Zitronenschale fein abreiben und den Saft der Frucht auspressen. Gehackte Kräuter, Chili- und Knoblauchwürfel sowie Zitronenschale im Blitzhacker oder mit dem Stabmixer mit 100 ml Olivenöl, dem Essig, 1 EL Zitronensaft, 1 TL Honig, Kreuzkümmel und 1 Prise Salz zu einer feinen Soße verarbeiten. Mit Salz, Pfeffer und Honig abschmecken.

Die Wolfsbarschfilets unter kaltem Wasser waschen und mit Küchenpapier trocken tupfen. Die Hautseite diagonal vier- bis fünfmal einritzen. Die Filets jeweils mit 1 EL Zitronensaft beträufeln, die Hautseite wieder trocken tupfen und mit Mehl bestäuben.

Restliches Olivenöl in einer großen Pfanne erhitzen. Die Filets darin bei nicht zu starker Hitze auf der Hautseite ca. 4 Minuten anbraten, bis sie leicht gebräunt sind. Wenden und ca. 2 Minuten garen, sodass sie innen noch glasig sind. Butter in der Pfanne schmelzen, Pimentón und etwas Salz hineingeben. Den Fisch kurz in der Pimentón-Butter schwenken, die Hautseite ebenfalls damit beträufeln.

Die Kartoffeln aus dem Ofen nehmen, überschüssiges Salz abklopfen. Kartoffeln mit einer Gabel leicht flach drücken, den Fisch darauf anrichten, mit den übrigen Rosmarinzweigen und mit der Mojo verde servieren.

3 Zweige Rosmarin
2 EL feines Meersalz
800 g junge Kartoffeln
2 Bund Petersilie
1 Bund Koriandergrün
1 frische grüne Chilischote
2 Knoblauchzehen
1 Bio-Zitrone
130 ml Olivenöl
2 EL Weißweinessig
1–2 TL Honig
1 Msp. gemahlener Kreuzkümmel
Salz
frisch gemahlener schwarzer Pfeffer
4 Wolfsbarschfilets (mit Haut; à 150–200 g)
1 EL Mehl
20 g Butter
2 Msp. Pimentón de la Vera (ersatzweise edelsüßes Paprikapulver)

Für 4 Personen als Hauptspeise

Kichererbsen-Topf
mit Chorizo

Für 4 Personen als Hauptspeise

2 Dosen Kichererbsen (à 265 g Abtropfgewicht)
2 Zwiebeln
2 Knoblauchzehen
200 g Chorizo
500 g Kartoffeln (vorwiegend festkochend)
1 Döschen Safranfäden (0,1 g)
600 ml heiße Fleisch- oder Gemüsebrühe
3 EL Olivenöl
2 Zweige Rosmarin
2 Lorbeerblätter
2 EL Tomatenmark
1–1 ½ EL Honig
2 TL Pimentón de la Vera (ersatzweise edelsüßes-Paprikapulver)
800 g Tomaten
2 Stängel Petersilie
Salz
frisch gemahlener schwarzer Pfeffer
½–1 EL Sherry-Essig

Die Kichererbsen in ein Sieb abgießen, kalt abspülen und abtropfen lassen. Zwiebeln und Knoblauch schälen, Zwiebeln grob, Knoblauch fein würfeln. Chorizo aus der Haut lösen und in Scheiben schneiden. Kartoffeln schälen und klein schneiden. Den Safran unter die Brühe rühren.

Olivenöl in einem großen Topf erhitzen, die Zwiebelwürfel darin bei mittlerer Hitze 3 Minuten anbraten, ohne dass sie braun werden. Knoblauch, Chorizo, Kartoffeln, Rosmarin und Lorbeerblätter zufügen und 2–3 Minuten mitbraten. Dann Tomatenmark und 1 EL Honig in die Topfmitte geben und unter Rühren leicht karamellisieren. Kichererbsen zufügen, Pimentón darüberstreuen und alles gut mischen. Die Safranbrühe angießen und langsam zum Kochen bringen.

Inzwischen die Tomaten würfeln, dabei die Stielansätze entfernen. Einige Tomatenwürfel für die Dekoration zur Seite legen, die übrigen in den Topf geben, alles erneut aufkochen und abgedeckt bei schwacher Hitze 15 Minuten köcheln lassen.

Petersilienblätter abzupfen und fein hacken. Rosmarinzweige und Lorbeerblätter aus dem Topf nehmen. Den Eintopf mit Salz, Pfeffer, Honig und Essig abschmecken. Auf vier tiefe Teller verteilen und mit Petersilie und Tomatenwürfeln garniert servieren. Dazu passt Baguette oder knuspriges Weißbrot.

Paella

mit Garnelen und Merguez

Zwiebeln und Knoblauch schälen und in feine Würfel schneiden. Die Paprikaschoten längs halbieren, entkernen und klein schneiden. Die Bohnen putzen und in mundgerechte Stücke schneiden. Die Würste in Stücke schneiden. Die Garnelen unter kaltem Wasser waschen und trocken tupfen. 800 ml Brühe mit Safran und Kurkuma verrühren.

2 EL Olivenöl in einer großen hohen Pfanne erhitzen, die Merguez darin anbraten, bis sie rundherum gebräunt sind. Die Garnelen zugeben und kurz rundherum mitbraten. Dann alles aus der Pfanne nehmen. Restliches Olivenöl erhitzen, Zwiebeln und Paprika darin andünsten, bis die Zwiebelwürfel glasig sind. Knoblauch, Bohnen, Rosmarin und Lorbeerblätter zugeben und kurz mitdünsten.

Mit ½ TL Pimentón würzen, den Reis zufügen und alles kurz dünsten. Dann mit Wein ablöschen und diesen fast vollständig verkochen lassen. Die Safranbrühe angießen, die Wurststücke auf den Reis legen. Alles zum Kochen bringen und bei schwacher Hitze zunächst 5 Minuten offen, dann 10 Minuten abgedeckt köcheln lassen. Danach die Garnelen auf dem Reis verteilen und alles weitere 5 Minuten abgedeckt garen, dafür gegebenenfalls noch etwas Brühe angießen.

Inzwischen die Zitrone in Spalten schneiden. Die Petersilienblätter abzupfen und in Streifen schneiden. Die Paella mit Salz, Pfeffer und Pimentón abschmecken, Rosmarin und Lorbeerblätter entfernen. Die Paella mit Petersilie bestreuen und die Zitronenspalten zum individuellen Abschmecken dazulegen.
Sollte noch Wein in der Flasche sein: Unbedingt dazu servieren.

2 Zwiebeln
2 Knoblauchzehen
2 rote Spitzpaprikaschoten
100 g breite grüne Bohnen
4 Merguez (würzige Bratwurst aus Lamm- und Rindfleisch; ca. 300 g)
500 g Black Tiger Garnelen (geschält und entdarmt)
800–900 ml heiße Gemüsebrühe
2 Döschen Safranfäden (à 0,1 g)
½ TL gemahlene Kurkuma
5 EL Olivenöl
2 Zweige Rosmarin
2 Lorbeerblätter
½–1 TL Pimentón de la Vera (ersatzweise edelsüßes Paprikapulver)
250 g Paellareis (Arroz bomba; ersatzweise Risottoreis – Zubereitungszeit und Brühemenge können leicht variieren)
100 ml trockener Weißwein
1 Bio-Zitrone
3 Stängel Petersilie
Salz
frisch gemahlener schwarzer Pfeffer

Für 4 Personen als Hauptspeise

SPANIEN

SO DUFTET

THAILAND

Im Land des Lächelns lieben die Menschen gutes Essen. Charakteristisch sind frische Zutaten, reichlich Gewürze sowie die Vorliebe, gegensätzliche Aromen zu kombinieren. Einflüsse aus China, Indien und Indonesien, aber auch aus Laos und Vietnam sorgen heute dafür, dass die Thaiküche als eine der vielseitigsten und besten der Welt gilt.

★ **MANGO-GURKEN-SALAT**

★ **HACKFLEISCHSALAT**
mit Möhren und Spitzkohl

★ **GEBRATENE NUDELN**

★ **KOKOSSUPPE** *mit Huhn*

★ **ROTES THAI-CURRY**

GEWÜRZE

Currypasten

… vereinen alle Aromen, welche die Thaiküche ausmachen. Die gängigsten Varianten sind die beiden scharfen Pasten für rotes und grünes Curry sowie die mildere Panaeng-Paste. Stets enthalten sind Chilis, Schalotten, Knoblauch, Zitronengras und Galgant, je nach Sorte ergänzt durch allerlei andere Aromenwunder.

Chilis

… sind als Immigranten aus Mittelamerika auch in Thailand fundamentaler Bestandteil des Gewürzspektrums und sorgen für die scharfen Akzente der Thaiküche. Besonders beliebt und scharf sind die sogenannten Bird's Eye Chilis, welche sowohl grün als auch rot erhältlich sind. Kokosmilch mildert die Schärfe etwas ab.

Kaffirlimettenblätter

... sind gefragt, wenn Suppen und Currys zitrusfrisch, aber nicht säuerlich schmecken sollen. Dafür werden die dunkelgrünen Blätter der Kaffirlimette – am besten frisch oder tiefgekühlt aus dem Asia-Shop – einfach mitgekocht und vor dem Verzehr wieder entfernt.

Galgant

... schmeckt zitronig-frisch und leicht scharf und weist eine süßlich-bittere Note auf. Das Aroma dieses mit dem Ingwer verwandten Rhizoms rundet Kokossuppen und Currys wunderbar ab und verleiht ihnen das typische „Thai-Flair".

Thai-Basilikum

... ist die Bezeichnung für eine Gruppe von Basilikumarten, die eng verwandt mit dem in Europa bekannten Basilikum ist – geschmacklich gibt es jedoch einen erheblichen Unterschied. Hierzulande ist „Horapa" mit ihrem anis- und lakritzartigen Geschmack die bekannteste Art. Thai-Basilikum wird roh verzehrt oder nur ganz kurz mitgegart, etwa in Suppen und Soßen.

Mango-Gurken-Salat

Für 4 Personen als Vorspeise oder leichte Hauptspeise

70 g Erdnüsse
150 g kleine Kirschtomaten
2 harte unreife Mangos
1 Salatgurke
30 g Palmzucker (oder Rohrohrzucker)
4 Knoblauchzehen
4 frische rote Chilischoten (Bird's Eye-Chilis)
2 EL getrocknete Garnelen
3–4 EL Fischsoße
3–4 EL Limettensaft
4 Stängel Thai-Basilikum (mit Blüten, falls erhältlich)

Die Erdnüsse in einer Pfanne ohne Fett anrösten, bis sie rundherum leicht gebräunt sind. Sofort herausnehmen. Die Tomaten halbieren oder vierteln. Die Mangos schälen und das Fruchtfleisch vom Stein schneiden. Die Gurke schälen und längs halbieren, die Kerne herauskratzen. Mangofruchtfleisch und Gurkenhälften in feine Julienne schneiden.

Den Palmzucker grob hacken, in einem Topf mit 2 EL Wasser bei nicht zu starker Hitze schmelzen und vom Herd nehmen. Knoblauch schälen und grob würfeln. Chilis in Stücke schneiden (je nach gewünschter Schärfe mit oder ohne Kerne). Knoblauch und Chilis im Mörser zu kleinen Stücken zerstoßen, die getrockneten Garnelen zugeben und ebenfalls zerstoßen. Zuckersirup und 1 EL Fischsoße untermengen. In eine Metallschüssel umfüllen. Die Erdnüsse grob hacken und bis auf 2 EL mit den Tomaten, 2 EL Limettensaft und 2 weiteren EL Fischsoße unter die Paste mischen. Noch einmal leicht stampfen.

Mango- und Gurkenstreifen zugeben, gut durchmischen und mit dem Stößel weiter leicht stampfen. Den Salat mit Fischsoße und Limettensaft abschmecken und kurz ziehen lassen. Thai-Basilikum abzupfen. Salat auf Teller verteilen und mit den restlichen Erdnüssen und Kräuterblättern bestreuen. Dazu passt Klebreis (siehe Tipp Seite 117).

Tipp:

In Thailand wird der Salat klassischerweise mit grüner, unreifer Papaya statt Mango und Gurke zubereitet. Diese ist hierzulande nur schwer erhältlich, lässt sich aber glücklicherweise ganz gut ersetzen. Statt mit Mango und Gurke funktioniert der Salat auch mit Steckrübe, Mairübchen oder Zucchini ganz hervorragend, nach Belieben auch kombiniert. Als „Garnish" werden in Thailand gern Kohlstreifen, Limetten zum Nachsäuern und weitere gehackte Erdnüsse serviert.

Hackfleischsalat
mit Möhren und Spitzkohl

Die Frühlingszwiebeln putzen und in feine Ringe schneiden. Die Schalotten schälen und fein würfeln. Korianderblätter abzupfen. Die vorbereiteten Zutaten in einer Schüssel mischen. Chilis im Mörser grob zerstoßen. Knoblauch schälen und fein würfeln.

Öl in einem Wok erhitzen, das Hackfleisch darin bröselig braten. Chilis, Knoblauch und Reispulver zugeben und mitbraten. Den Palmzucker grob hacken, zufügen und leicht karamellisieren. Den Wokinhalt in der Schüssel mit den übrigen vorbereiteten Zutaten mischen. 3 EL Limettensaft und 2 EL Fischsoße unterrühren, nach Belieben etwas salzen und mit Limettensaft und Fischsoße abschmecken.

Die Möhren schälen, den Spitzkohl putzen. Beides in feine Julienne schneiden, mischen und auf vier Teller verteilen. Die Hackfleischmischung darauf anrichten, Minze und Thai-Basilikum dazulegen und servieren. Bei Tisch die Kräuterblätter abzupfen und mit dem Salat genießen. Dazu passt Klebreis.

1 Bund Frühlingszwiebeln
4 Schalotten
1 Bund Koriandergrün
2 getrocknete rote Chilischoten
2 Knoblauchzehen
1 EL Öl zum Braten
500 g Schweinehackfleisch
1 EL geröstetes Reispulver
1 EL Palmzucker (oder Rohrohrzucker)
3–4 EL Limettensaft
2–3 EL Fischsoße
Salz
150 g Möhren
150 g Spitzkohl
4 Stängel Minze
4 Stängel Thai-Basilikum

Für 4 Personen als leichte Hauptspeise

Tipp:
Für thailändischen Klebreis die gewünschte Menge Klebreis **(Glutinous Rice)** zweimal gründlich waschen, bis das Wasser fast klar bleibt. Dann in ausreichend Wasser 4 Stunden einweichen. Einen Dämpfeinsatz mit einem sauberen Küchentuch auslegen. Reis in ein Sieb abgießen und in den Dämpfeinsatz geben. In einem Topf über kochendem Wasser abgedeckt 30 Minuten dämpfen, dabei immer darauf achten, dass noch genügend Wasser vorhanden ist (aber nicht so viel, dass es mit dem Reis in Berührung kommt). Schließlich den Einsatz herausheben und den Reis auf einer Servierplatte verteilen. Aus dem Reis bei Tisch Kugeln formen, diese etwas flach drücken und in die Mitte eine Vertiefung drücken. Etwas Salat daraufgeben und aus der Hand genießen.

Kokossuppe
mit Huhn

Für 4 Personen als Vorspeise oder leichte Hauptspeise

1 Bund Zitronengras
5 cm Galgant
5 Kaffirlimettenblätter
2 Knoblauchzehen
600 ml Hühnerbrühe
(oder -fond)
600 ml Kokosmilch
2–3 TL Palmzucker
(oder Rohrohrzucker)
Salz
frisch gemahlener
weißer Pfeffer
300 g Hähnchenbrustfilet
150 g Champignons (oder
Reisstrohpilze bzw. Shiitakepilze)
3 Frühlingszwiebeln
1–2 frische rote Chilischoten
(Bird's Eye Chilis)
6 Stängel Koriandergrün
1–2 EL Fischsoße
1–2 EL Limettensaft

Zitronengras von den äußeren Blättern befreien, das untere Drittel flach klopfen. Galgant schälen und in dünne Scheiben schneiden. Kaffirlimettenblätter in breite Streifen schneiden. Knoblauch schälen und grob würfeln.

Die Hühnerbrühe in einem Topf mit 300 ml Kokosmilch, Zitronengras, Galgant, Limettenblättern, Knoblauch und 2 TL Zucker aufkochen und mit Salz und Pfeffer würzen. Bei schwacher Hitze 15 Minuten köcheln lassen.

Inzwischen das Fleisch trocken tupfen und quer zur Faser in Streifen schneiden. Die Pilze sauber reiben, die Stiele entfernen. Die Kappen in Scheiben schneiden. Die Frühlingszwiebeln putzen und schräg in breite Ringe schneiden. Die Chilis in Ringe schneiden, dabei die Kerne entfernen. Korianderblätter abzupfen.

Die Gewürze mit einem Schaumlöffel aus der Suppe heben. Die Suppe erneut aufkochen, das Fleisch und die Pilze hineingeben und die Temperatur sofort reduzieren. Fleisch und Pilze in der leicht siedenden Suppe ca. 7 Minuten gar ziehen lassen, nach 4–5 Minuten die Frühlingszwiebeln zugeben.

Restliche Kokosmilch, 1 EL Fischsoße, 1 EL Limettensaft und die Hälfte der Chiliringe unterrühren. Erneut erhitzen. Mit Salz, Zucker, Fischsoße und Limettensaft abschmecken. Die Suppe auf vier tiefe Teller oder große Suppenschalen verteilen. Mit den restlichen Chiliringen und dem Koriandergrün garnieren und servieren.

Gebratene Nudeln

Nudeln in einer Schüssel mit Wasser bedecken und 45 Minuten einweichen. Für die Soße Chilischote und Palmzucker im Mörser grob zerstoßen und mit Tamarindenpaste, Fischsoße, Austernsoße sowie 2–3 EL Wasser verrühren, bis sich der Zucker gelöst hat.

Tofu etwas ausdrücken und in schmale Streifen schneiden. Frische Garnelen unter kaltem Wasser abspülen und gründlich trocken tupfen. Schalotte und Knoblauch schälen, die Schalotte in feine Streifen schneiden, den Knoblauch sehr fein würfeln oder hacken. Erdnüsse und getrocknete Garnelen fein hacken. Die Eier verquirlen. Schnittknoblauch in 2–3 cm lange Stücke schneiden.

In einem Wok reichlich Öl erhitzen und den Tofu darin hellbraun ausbacken. Mit einem Schaumlöffel herausnehmen und auf Küchenpapier abtropfen lassen. Das Öl abgießen, den Wok säubern und erneut 1 EL Öl erhitzen. Die frischen Garnelen darin rundherum ca. 2 Minuten anbraten, bis sie knapp gar sind, dann herausnehmen. Schalottenstreifen im Wok anbraten, bis sie ganz leicht gebräunt sind, Knoblauch und getrocknete Garnelen zugeben und kurz mitbraten.

Nudeln in ein Sieb abgießen und mit der vorbereiteten Soße in den Wok geben. Rühren, bis die Nudeln die gesamte Flüssigkeit aufgenommen haben, dann mit Salz und Pfeffer würzen und an die Seite schieben. Eier auf die freie Fläche gießen und leicht stocken lassen, dann etwas hin und her schieben und mit den Nudeln vermengen. Garnelen und Tofu untermischen, jeweils bis auf 2 EL auch Sprossen, Schnittknoblauch und Erdnüsse unterrühren und noch ein paar Mal wenden. Pad Thai auf zwei Teller verteilen. Mit den restlichen Sprossen, Schnittknoblauch und Erdnüssen garnieren. Limette achteln und zum säuerlich Abschmecken dazu servieren. Bei Tisch nach Belieben mit Sriracha-Soße, Reisessig oder Fischsoße nachwürzen.

120 g Thai-Reisnudeln
1 getrocknete rote Chilischote
2 EL Palmzucker (oder Rohrohrzucker)
1 ½ EL Tamarindenpaste
2 EL Fischsoße
1 EL Austernsoße
100 g weicher Tofu
200 g Garnelen (geschält und entdarmt)
1 Schalotte
1 Knoblauchzehe
50 g Erdnüsse
1 EL getrocknete Garnelen
2 Eier (Größe M)
1 kleines Bund Schnittknoblauch
Öl zum Braten
Salz
frisch gemahlener weißer Pfeffer
1 Handvoll Mungbohnensprossen
1 Bio-Limette

Für 2 Personen als Hauptspeise

THAILAND

Rotes Thai-Curry

Für 4 Personen als Hauptspeise

FÜR DIE CURRYPASTE:
5 getrocknete rote Chilischoten
3 Schalotten
8 Knoblauchzehen
1 walnussgroßes Stück Galgant
2 Korianderwurzeln
1 Stängel Zitronengras
½ TL Koriandersamen
½ TL Kreuzkümmelsamen
2 TL weiße Pfefferkörner
½ TL Salz

AUSSERDEM:
250 g kleine Thai-Auberginen
1 Möhre (ca. 100 g)
250 g Brokkoli
100 g Bambussprossen (Glas)
200 g weicher Tofu
2 Stängel Thai-Basilikum
1 EL Öl zum Braten
4 Kaffirlimettenblätter
600 ml Kokosmilch
1–2 EL Palmzucker (oder Rohrohrzucker)
2 EL helle Sojasoße
Salz
1–2 EL Limettensaft

Für die Currypaste Chilischoten 15 Minuten in Wasser einweichen. Schalotten, Knoblauch und Galgant schälen und klein schneiden. Korianderwurzeln ebenfalls klein schneiden. Strunk und oberen Teil vom Zitronengras entfernen, die unteren 10–12 cm längs halbieren, in feine Streifen schneiden, dann möglichst fein hacken. Koriander- und Kreuzkümmelsamen und Pfeffer in einer Pfanne anrösten, bis sie zu duften beginnen. Sofort vom Herd nehmen und im Mörser fein zerreiben.

Chilischoten aus dem Wasser nehmen und entkernen. Alle Zutaten außer geröstete Gewürze und Salz im Blitzhacker zu einer feinen Paste verarbeiten, dann die Gewürze und das Salz unterrühren.

Auberginen in Stücke schneiden. Möhre schälen und in Scheiben schneiden. Brokkoli in kleine Röschen teilen. Gemüse in einem Topf mit Dämpfeinsatz über kochendem Wasser 2–3 Minuten bissfest dämpfen. Dann in ein Sieb abgießen, kalt abschrecken und vorsichtig trocken schleudern. Bambussprossen in ein Sieb abgießen, kalt abspülen und abtropfen lassen. Tofu etwas ausdrücken und würfeln. Basilikumblätter abzupfen.

Öl in einem Topf erhitzen, 3 EL Currypaste und die Limettenblätter darin andünsten. Mit 100 ml Wasser ablöschen und etwas verkochen lassen. Kokosmilch nach und nach angießen und jeweils glatt rühren. 1 EL Zucker und Sojasoße unterrühren und die Flüssigkeit langsam zum Kochen bringen. Salzen, nach Geschmack noch etwas Currypaste zugeben. Übrige Currypaste abgedeckt kühl stellen und anderweitig verwenden.

Auberginen und Möhren in das Curry geben und 5 Minuten köcheln lassen. Brokkoli und Bambussprossen zugeben und weitere 3–4 Minuten ziehen lassen. Zuletzt den Tofu 1–2 Minuten in der Soße erhitzen. Die Hälfte der Basilikumblätter unterrühren. Curry mit Salz, Zucker und Limettensaft abschmecken und auf vier Schälchen verteilen. Mit dem restlichen Basilikum bestreuen. Mit Thai-Duftreis servieren.

SO DUFTET DIE

TÜRKEI

Die lange wechselvolle Geschichte und die einmalige Lage
an der Schnittstelle von Europa und Asien haben zum besonderen
Charakter der türkischen Küche beigetragen. Die häufig würzigen bis
scharfen Gerichte werden gern mit Joghurt und Kräutern wie Dill,
Petersilie und Minze „erfrischt" – eine nicht unbedingt
einzigartige, aber geniale Kombination.

★ **ROTE LINSENSUPPE**
mit Möhren und Kartoffeln

★ **LAUCH-KÄSE-PIDE**

★ **GEFÜLLTE AUBERGINEN**

★ **ZUCCHINI-
MÖHREN-PUFFER**
mit Cacık

★ **ŞIŞ KEBAB**
mit türkischem Tomatensalat und
marinierten Zwiebeln

GEWÜRZE

TÜRKEI

Sesam

... ist rund um die Uhr ein treuer Begleiter der türkischen Küche. Simit, die berühmten türkischen Hefekringel – häufig zum Frühstück verzehrt – wären ohne Sesam kaum denkbar. Tahina, flüssiges Mus aus Sesamsaaten, wird für Frühstücksspeisen wie auch für Herzhaftes und Desserts verwendet.

Petersilie

... wird in türkischen Supermärkten zu großen Bündeln geschnürt verkauft. Glatte Petersilie darf in so gut wie keinem türkischen Gericht fehlen, sie gilt mehr als Zutat denn als Gewürz. Petersilie enthält viel Eisen, Magnesium und Zink.

TÜRKEI

Minze

... wird gern frisch als Tee aufgegossen und kommt in der Türkei auch als Gewürz auf den Tisch. Die getrockneten Blätter der türkischen Minze, auch *Nane* genannt, bereichern mit ihrem sanften Minzgeschmack vielerlei Salate und Joghurt-Speisen – so etwa Cacık, das türkische Tsatsiki.

Pul Biber

... bedeutet übersetzt „Paprika-Schuppen" und bezeichnet eine traditionelle, türkische Gewürzmischung, deren Hauptzutaten Chili- und Paprikaschoten sind. Sie werden vor dem Trocknen zerstampft – nicht gemahlen – und zusätzlich mit Salz vermischt. Diese Mischung eignet sich hervorragend für Fleischgerichte und kann recht großzügig verwendet werden.

Kreuzkümmel

... regt den Appetit an, fördert die Verdauung und macht viele Gerichte besser verträglich. Kein Wunder also, dass Kreuzkümmel – auf Türkisch *Kimyon* – gern und häufig eingesetzt wird. In deutschen Supermärkten findet man das gemahlene Gewürz auch häufig unter dem Namen Cumin; mit seinem herben Geschmack rundet es deftige Speisen perfekt ab.

TÜRKEI

Rote Linsensuppe
mit Möhren und Kartoffeln

Das Gemüse schälen. Zwiebel und Knoblauch würfeln, Möhren und Kartoffeln in Scheiben schneiden.

Olivenöl in einem Topf erhitzen, Zwiebel und Möhren darin andünsten. Knoblauch zufügen und kurz mitdünsten, dann alles an den Rand schieben. Tomaten- und Paprikamark sowie Zucker in die Topfmitte geben und etwas karamellisieren. Kartoffeln, Linsen, Kreuzkümmel und Minze zugeben, alles gut mischen und kurz weiterdünsten. Die Brühe angießen und zum Kochen bringen. Dann bei schwacher Hitze mit schräg aufgelegtem Deckel 20 Minuten köcheln lassen.

Die Petersilienblätter abzupfen und fein hacken. ½ Zitrone auspressen, die übrige Hälfte längs halbieren, dann in dünne Scheiben schneiden. Den Topf vom Herd nehmen, 1 EL Zitronensaft und die Petersilie bis auf 1 EL unter die Suppe rühren. Mit Salz, Pfeffer, weiterem Zitronensaft und Pul Biber würzen. Die Suppe auf vier Suppenschalen verteilen. Je 1 EL Joghurt und 1 Zitronenscheibe darauf anrichten und mit Petersilie und Pul Biber bestreuen. Dazu passt Fladenbrot.

1 Zwiebel
2 Knoblauchzehen
200 g Möhren
200 g kleine Kartoffeln (festkochend)
4 EL Olivenöl
2 EL Tomatenmark
2 EL türkisches Paprikamark
1 EL Zucker
180 g rote Linsen
½ TL gemahlener Kreuzkümmel
2 TL getrocknete Minze
1 l Gemüse- oder Hühnerbrühe (nicht zu stark gewürzt)
3 Stängel Petersilie
1 Bio-Zitrone
Salz
frisch gemahlener schwarzer Pfeffer
½–1 TL Pul Biber
4 EL Joghurt (10 % Fett; z. B. türkischer Süzme Yoğurt oder griechischer Joghurt)

Für 4 Personen als Vorspeise

TÜRKEI

Zucchini-Möhren-Puffer
mit Cacık

Für 4–6 Personen als Hauptspeise (24 Stück)

FÜR DEN CACIK:
½ Salatgurke
Salz
2 Stängel Dill
1 Stängel Minze
400 g Joghurt (10 % Fett; z. B. türkischer Süzme Yoğurt oder griechischer Joghurt)
1 EL Zitronensaft
2 Knoblauchzehen
4–6 TL Olivenöl

FÜR DIE PUFFER:
400 g Möhren
800 g Zucchini
Salz
1 Zwiebel
6 Frühlingszwiebeln
2 Stängel Dill
5 Stängel Petersilie
80 g türkischer Kaşar-Käse (ersatzweise Cheddar)
4 Eier (Größe M)
100 g Weizenmehl
frisch gemahlener schwarzer Pfeffer
½–1 TL Pul Biber
Öl zum Braten
4 Stängel Minze

Für den Cacık die Gurke schälen, längs halbieren und entkernen. In kleine Stifte schneiden, mit ½ TL Salz mischen und 10 Minuten ruhen lassen.

Für die Puffer die Möhren schälen und fein raspeln. Zucchini grob raspeln, beides in einer Schüssel mit ½ TL Salz mischen und ebenfalls 10 Minuten ruhen lassen.

Für den Cacık Dillspitzen sowie Minzblätter abzupfen und fein hacken. Den Joghurt mit Zitronensaft und 50 ml Wasser glatt rühren. Knoblauch schälen und dazupressen, die Kräuter unterrühren. Die Gurkenstifte in einem Sieb abtropfen lassen, leicht auspressen und ebenfalls unterrühren. Cacık mit Salz abschmecken. Auf 4–6 Schälchen verteilen und jeweils mit 1 TL Olivenöl beträufeln.

Für die Puffer die Zwiebel schälen und fein würfeln. Frühlingszwiebeln putzen und in feine Ringe schneiden. Dillspitzen sowie Petersilienblätter abzupfen und fein hacken. Den Käse entrinden und reiben. Alles in eine Schüssel geben.

Möhren- und Zucchiniraspel portionsweise in ein Sieb geben und kräftig ausdrücken. Dann in der Schüssel mit den übrigen für die Puffer vorbereiteten Zutaten, Eiern und Mehl gründlich mischen. Mit Salz, Pfeffer und Pul Biber würzen.

In einer großen Pfanne reichlich Öl erhitzen. 6 stark gehäufte EL der Puffermischung nebeneinander hineinsetzen und etwas flach drücken. Von beiden Seiten bei nicht zu starker Hitze jeweils 3–4 Minuten goldbraun und leicht knusprig braten. Dann herausheben und auf Küchenpapier abtropfen lassen. Übrige Puffer genauso zubereiten. Fertige Puffer im Ofen bei 80 °C warm halten. Minzblättchen abzupfen. Puffer auf Tellern anrichten, mit Minze und etwas Salz bestreuen und mit dem Cacık servieren.

TÜRKEI

Lauch-Käse-Pide

Für den Teig Mehl in eine Schüssel geben, eine Mulde hineindrücken. Hefe zerbröckeln, mit dem Zucker im Wasser auflösen. Hefemischung in die Mulde gießen, mit einer Gabel etwas Mehl einarbeiten. Vorteig abgedeckt 10 Minuten bei Zimmertemperatur gehen lassen.

2 EL Olivenöl, Joghurt und Salz zugeben. Zunächst mit den Knethaken des Handrührgeräts, dann mit den Händen auf der bemehlten Arbeitsfläche 5–10 Minuten zu einem glatten Teig kneten. Zu einer Kugel formen, mit etwas Olivenöl einreiben und abgedeckt in einer Schüssel im kurz angewärmten, wieder ausgeschalteten Backofen 1 Stunde gehen lassen.

Für die Füllung Lauch putzen, in Ringe schneiden und waschen. Olivenöl in einer Pfanne erhitzen, den noch feuchten Lauch darin bei geringer Hitze 6–8 Minuten weich dünsten. Zucker zufügen, kurz karamellisieren, dann vom Herd nehmen, abkühlen lassen. Käse zerbröckeln. Kräuterblätter bzw. -spitzen abzupfen und fein hacken. 2 EL beiseitestellen, den Rest mit Käse und Schmand verrühren. Knoblauch schälen und dazupressen. Lauch unterheben, mit Salz, Pfeffer und Zitronensaft würzen.

Den Backofen samt Blech auf 220 °C vorheizen. Teig vierteln und auf der bemehlten Arbeitsfläche jeweils oval auf etwa 15 × 35 cm ausrollen. Teigstücke längs auf zwei blechgroße Streifen Backpapier legen, mit der Käse-Lauch-Masse bestreichen, dabei rundum einen 1–2 cm breiten Rand lassen. Die unbestrichenen Ränder der Längsseiten nach innen klappen. Die schmalen Enden etwas in die Länge ziehen und zusammendrücken.

Ei und Joghurt verquirlen. Teigränder damit bestreichen, mit Sesam und Schwarzkümmel bestreuen. Einen Streifen Backpapier auf das heiße Blech ziehen. Pide im Ofen etwa 15 Minuten goldbraun backen. Fertige Pide teilen, auf Tellern anrichten, mit Pul Biber und der Hälfte der übrigen Kräuter bestreuen und servieren.

FÜR DEN TEIG:
400 g Weizenmehl (Type 550) plus etwas für die Arbeitsfläche
½ Würfel frische Hefe (ca. 21 g)
2 TL Zucker
150 ml lauwarmes Wasser
2 ½ EL Olivenöl
3 EL Joghurt (10 % Fett; z. B. türkischer Süzme Yoğurt oder griechischer Joghurt)
1 TL Salz

FÜR DIE FÜLLUNG:
1 Stange Lauch (ca. 350 g)
1 EL Olivenöl
2 TL Zucker
150 g türkischer Salzlakenkäse (oder Feta)
5 Stängel Petersilie
4 Stängel Dill
200 g Schmand
2 Knoblauchzehen
Salz
frisch gemahlener schwarzer Pfeffer
1–2 EL Zitronensaft

AUSSERDEM:
1 Ei
1 EL Joghurt (siehe oben)
1 ½ EL weiße Sesamsamen
2 TL Schwarzkümmel
1 TL Pul Biber

Für 4 Personen als Hauptspeise

TÜRKEI

Şiş Kebab
mit türkischem Tomatensalat und marinierten Zwiebeln

Für 4 Personen als Hauptspeise

FÜR DIE SPIESSE:

1 Zwiebel
2 Knoblauchzehen
2 Stängel Petersilie
3 Zweige Thymian
550 g Kalbs-, Rinder- oder Lammhackfleisch
1 Ei (Größe L)
2 EL türkisches Paprikamark
2 TL weiße Sesamsamen
1 TL gemahlener Kreuzkümmel
2 EL Speisestärke
Salz
frisch gemahlener schwarzer Pfeffer

AUSSERDEM:

4 Frühlingszwiebeln
2 grüne Spitzpaprikaschoten
500 g Tomaten
200 g Salatgurke
6 Stängel Petersilie
3 EL Olivenöl
2 EL Zitronensaft
Salz
frisch gemahlener schwarzer Pfeffer
1 TL Sumach plus etwas zum Bestreuen
2 rote Zwiebeln

Für die Spieße Zwiebel und Knoblauch schälen und fein würfeln. Blätter von Petersilie und Thymian abzupfen und fein hacken. Das Hackfleisch mit den vorbereiteten Zutaten, Ei, Paprikamark, Sesam, Kreuzkümmel und Stärke mischen und mit Salz und Pfeffer würzen.

Die Fleischmasse in acht Portionen teilen, jeweils zu länglichen Würsten oder mehreren kleinen Kugeln formen, auf 8 Metallspieße stecken und etwas flach drücken.

Für den Tomatensalat die Frühlingszwiebeln putzen und in Ringe schneiden. Die Paprikaschoten längs halbieren, Kerne und weiße Innenhäute entfernen. Stielansätze der Tomaten entfernen. Tomaten, Paprikahälften und Gurke klein würfeln. Petersilienblätter abzupfen und grob hacken (2 EL Petersilie für die marinierten Zwiebeln zurückhalten). Alles mit 2 EL Olivenöl und Zitronensaft mischen, mit Salz und Pfeffer würzen und mit ½ TL Sumach bestreuen.

Rote Zwiebeln schälen und in Streifen schneiden. Mit übriger Petersilie, 1 EL Olivenöl und dem restlichen Sumach mischen. Mit Salz und Pfeffer würzen.

Die Spieße auf dem heißen Holzkohlengrill oder unter dem 275 °C heißen Backofengrill insgesamt 8–10 Minuten von beiden Seiten grillen, bis das Fleisch gar und gut gebräunt ist. Mit dem Salat und den Zwiebeln servieren. Dazu passt Reis.

Gefüllte Auberginen

Auberginen der Länge nach zebraartig schälen, dann halbieren. In eine Schüssel mit Salzwasser legen. Mit einem Teller beschweren, sodass sie unter Wasser bleiben. 30 Minuten einweichen.

Den Backofen auf 200 °C vorheizen. Auberginen aus dem Wasser nehmen und trocken tupfen. Rundherum mit 4 EL Olivenöl bestreichen, mit den Schnittflächen nach unten auf ein tiefes Backblech legen und im Ofen 30 Minuten garen.

Inzwischen Zwiebel und Knoblauch schälen, Zwiebel grob, Knoblauch fein würfeln. Paprika und Chili entkernen und in Ringe schneiden. 300 g Tomaten grob würfeln, dabei die Stielansätze entfernen. Petersilienblätter abzupfen und fein hacken (2 EL für die Dekoration nur grob zupfen, dann zur Seite stellen).

Restliches Olivenöl in einer großen Pfanne erhitzen, das Hackfleisch darin bröselig braten. Zwiebelwürfel zugeben und mitbraten, bis sie leicht gebräunt sind. Paprika- und Chiliringe zufügen und 2–3 Minuten braten. Je 1 EL Tomaten- und Paprikamark sowie Honig zugeben und leicht karamellisieren, dann Tomaten, Knoblauch und Kreuzkümmel unterrühren und ca. 5 Minuten weiterbraten, bis die Tomaten gar sind. Zuletzt die Petersilie unterheben und alles mit Salz und Pfeffer kräftig würzen.

Das Blech aus dem Ofen nehmen, die Auberginen wenden und das Fruchtfleisch in der Mitte mit einer Gabel flach drücken. Hackfleischmischung einfüllen, restliche Tomaten von den Stielansätzen befreien und in Scheiben schneiden. Je zwei Scheiben leicht überlappend auf die gefüllten Auberginen legen. Restliches Tomaten- und Paprikamark in der Pfanne karamellisieren, 250 ml Wasser zugießen, aufkochen und den Sud mit Salz und Pfeffer würzen. Auf das Blech gießen und die Auberginen weitere 20–30 Minuten im Ofen garen. Auberginen auf Tellern anrichten, mit der restlichen Petersilie bestreuen und mit der Soße servieren. Dazu passt Reis.

4 Auberginen (à ca. 250 g)
Salz
6 EL Olivenöl
1 Gemüsezwiebel
2 Knoblauchzehen
5 kleine grüne türkische Paprikaschoten (oder 1½ große)
2 frische grüne Chilischoten
500 g Tomaten
1 Bund Petersilie
250 g Rinderhackfleisch
2 EL Tomatenmark
2 EL türkisches Paprikamark
1 EL Honig
½ TL gemahlener Kreuzkümmel
frisch gemahlener schwarzer Pfeffer

Für 4 Personen als Hauptspeise

TÜRKEI

SO DUFTET

VIETNAM

Frisch, frischer, Vietnam: Ohne einen großen Strauß Kräuter läuft gar nichts im Land von Pho und Co. Und auch die berühmte Fischsoße „Nuoc mam" darf bei keiner Mahlzeit fehlen. Ergänzt werden die Gerichte stets durch Reis, gern auch in Form von Nudeln oder Reispapierblättern, die zu den unwiderstehlichen Sommerrollen verarbeitet werden.

★ **SOMMERROLLEN** *mit Hoisin-Erdnuss-Dip*

★ **BANH-MI-BAGUETTES** *mit Nem-Nuong-Fleischbällchen*

★ **LAUWARMER NUDELSALAT** *mit Rindfleisch*

★ **PHO** *mit Rindfleisch*

★ **VEGETARISCHE PANCAKES**

GEWÜRZE

Zitronengras

... findet mit seinem frisch-zitronigen Geschmack nicht nur als Gewürz Verwendung, sondern auch als Grundlage erfrischender Getränke. Das ätherische Öl gilt als antibakteriell und stimmungsaufhellend. Zitronengras ist eine ideale Zugabe für frische Suppen, Hähnchengerichte und Seafood.

Fischsoße

... steht auf jeder vietnamesischen Tafel zum Würzen und Salzen einer Speise bereit. Die karamellfarbene Flüssigkeit wird aus fermentiertem Fisch hergestellt und ist heutzutage in ganz Südostasien sehr populär. Tatsächlich haben schon die alten Römer mit einer ähnlichen Fischsoße ihre Gerichte abgeschmeckt.

Limette

... gibt der vietnamesischen Küche ein ganz besonderes Image. Die frisch-fruchtig-leichte Note, die man mit den Speisen assoziiert, geht nicht zuletzt auf das Konto der kleinen Zitrusfrucht. Taucht ihre Säure nicht direkt im Gericht auf, wird ihr Saft in einem Dip gereicht, in Limonaden verarbeitet – oder sie findet sich als Spalte am Tellerrand

Chili

... egal ob frisch oder getrocknet – Suppen, Salate oder Stir Frys kommen in Vietnam ebenso wie Saucen und Marinaden kaum ohne Bird's Eye Chilis aus. Trotz ihrer Allgegenwärtigkeit sind vietnamesische Gerichte meist etwas milder gewürzt als die häufig sehr scharfen Gerichte der Thaiküche – mit einem stärkeren Fokus auf frischen, aromatischen Kräutern.

Vietnamesischer Kräutermix
(Koriandergrün, Minze, Thai-Basilikum, Frühlingszwiebeln)

... steht im Zentrum der vietnamesischen Küche. Allein die Pho-Suppe wäre undenkbar ohne die Zugabe frischer Kräuter; darüber hinaus werden gehackte oder gezupfte Blätter für Frühlingsrollen, als Zutat aromatischer Salate und als Beigabe für Nudelgerichte verwendet.

Sommerrollen
mit Hoisin-Erdnuss-Dip

Für 4 Personen als Vorspeise

FÜR DIE ROLLEN:
150 g Reis-Vermicelli
300 g TK-Garnelen (ungeschält; aufgetaut)
Salz
100 g Möhre
1 EL Reisessig
1 Bund Koriandergrün
1 Bund Minze
1 Bund Thai-Basilikum
4 Salatblätter
½ Salatgurke
8 runde Reispapierblätter (à 28 cm Ø)

FÜR DEN DIP:
1 Knoblauchzehe
1 EL Öl
70 ml Hoisin-Soße
50 g Erdnussmus
1 EL Reisessig
1–2 TL Sriracha-Soße
1 TL Rohrohrzucker
Salz
1 frische rote Chilischote
1 EL geröstete, gesalzene Erdnüsse

Reis-Vermicelli nach Packungsanweisung garen. In ein Sieb abgießen, kalt abschrecken, abtropfen und anschließend 1 Stunde ruhen lassen. Inzwischen für den Dip Knoblauch schälen und sehr fein würfeln. Öl in einem Topf erhitzen und den Knoblauch darin bei schwacher bis mittlerer Hitze goldgelb andünsten. Hoisin-Soße, Erdnussmus, Reisessig, 1 TL Sriracha-Soße, Zucker und 80 ml Wasser zugeben und alles glatt rühren. Vom Herd nehmen, mit etwas Salz und Sriracha-Soße würzen, dann abkühlen lassen.

Garnelen unter kaltem Wasser abspülen und trocken tupfen. Leicht gesalzenes Wasser in einem Topf aufkochen, die Garnelen darin bei schwacher Hitze ca. 2 Minuten gar ziehen lassen. In ein Sieb abgießen, kalt abschrecken und abtropfen lassen. Garnelen schälen und längs halbieren, dabei den Darm entfernen.

Möhre schälen und in feine Julienne schneiden. Mit Reisessig mischen und leicht salzen. Kräuterblätter abzupfen. Salatblätter halbieren. Gurke schälen, längs halbieren, entkernen, dann in Stifte schneiden. Reispapierblätter unter fließendes Wasser halten, sodass sie überall benetzt sind, dann auf Teller oder Bretter legen. Kurz ruhen lassen, bis sie weich und formbar sind.

Reispapierblätter jeweils auf einer Hälfte nah am Rand quer mit Salat, Möhren, Vermicelli und 2 Stücken Gurke belegen. Mit Minze, Koriander und Thai-Basilikum bedecken. 3–4 Garnelenhälften oberhalb des übrigen Belags mit der Schnittfläche nach oben nebeneinanderlegen. Reispapierblätter von beiden Seiten über die jeweils schmale Seite der Füllung nach innen klappen, dann von unten über den unteren Teil der Füllung klappen und weiter über die Garnelen rollen. Dann nach oben hin fest zusammenrollen.

Für den Dip Chilischote samt Kernen in feine Ringe schneiden. Erdnüsse grob hacken. Dip auf vier Schälchen verteilen und mit Erdnüssen und nach Wunsch Chiliringen bestreuen. Mit den Sommerrollen servieren.

Vegetarische Pancakes

Am Vortag für den Teig alle Zutaten bis auf die Frühlingszwiebeln glatt rühren und über Nacht kühl stellen.

Am nächsten Tag für die Soße Chilischote samt Kernen in feine Ringe schneiden. Knoblauch schälen und fein würfeln oder hacken. Strunk und den oberen Teil vom Zitronengras wegschneiden. Den unteren Teil längs halbieren und in feine Streifen schneiden, diese fein hacken. Sojasoße, Reisessig, Limettensaft, Zucker und 4 EL Wasser verrühren. Die übrigen Zutaten unterrühren und alles bis zum Servieren durchziehen lassen.

Für die Füllung Möhren schälen und in feine Julienne schneiden. Pilze putzen und in dünne Scheiben schneiden. Zwiebel schälen und in feine Streifen schneiden. Kräuterblätter abzupfen. Den Salat zerpflücken. Etwas Öl in einer Pfanne erhitzen und die Pilzscheiben darin einige Minuten von allen Seiten anbraten. Anschließend herausnehmen.

Für den Teig die Frühlingszwiebeln putzen, in feine Ringe schneiden und anschließend fein hacken. Unter den Teig rühren.

Je 1–2 TL Öl in zwei Pfannen verteilen und jeweils ein paar Zwiebelringe darin anbraten. Je 1 knappe Suppenkelle Teig darübergießen und durch Schwenken rasch in der Pfanne verteilen. Möhrenstreifen, Pilze und Sprossen darauf verteilen und abgedeckt 2–3 Minuten backen, bis die Unterseiten leicht gebräunt sind. Die Pfannkuchen zusammenklappen und auf Tellern anrichten. 2 weitere Pfannkuchen backen und dann zunächst servieren.

Zum Servieren Kräuter und Salat in den Pfannkuchen anrichten. Den Dip auf vier Schälchen verteilen und beides zusammen servieren. Von den Pfannkuchen Stücke abreißen und in die Soße dippen. Übrige 4 Pfannkuchen nach dem Genuss der ersten zubereiten.

FÜR DEN TEIG:
220 g Reismehl
100 g Mais- oder Weizenmehl
200 g flüssige Kokosnusscreme
1 TL gemahlene Kurkuma
⅔ TL Salz
1½ TL Zucker
½ l Mineralwasser (mit Kohlensäure)
4 Frühlingszwiebeln

FÜR DIE SOSSE:
1 frische rote Chilischote
1 Knoblauchzehe
1 Stängel Zitronengras
60 ml Sojasoße
3 EL Reisessig
2 EL Limettensaft
50 g Zucker

FÜR DIE FÜLLUNG:
200 g Möhren
250 g Champignons (oder kleine Austernpilze bzw. Kräuterseitlinge)
1 weiße Zwiebel
1 Bund Koriandergrün
1 Bund Minze
½ Bund Thai-Basilikum
1 Salatkopf (z. B. Lollo bionda)
Öl zum Braten
150 g Mungbohnensprossen

Für 4 Personen als leichte Hauptspeise

VIETNAM

Lauwarmer Nudelsalat
mit Rindfleisch

Für 4 Personen als leichte Hauptspeise

FÜR DAS FLEISCH:
500 g Rindersteak
2 Stängel Zitronengras
2 Knoblauchzehen
1 TL Fischsoße
2 ½ EL Sojasoße
1 TL geröstetes Sesamöl
Öl zum Braten
Salz

FÜR DAS SALATDRESSING:
100 g Rohrohrzucker
1 frische rote Chilischote
180 ml Limettensaft
120 ml Fischsoße
1 EL Reisessig

AUSSERDEM:
1 kleine Möhre
1 Mini-Salatgurke
4 Blätter Eisbergsalat
½ Bund Koriandergrün
2–3 Stängel Thai-Basilikum
2 Stängel Reisfeld-Pflanze
(Rau ôm, falls erhältlich)
1 kleine rote Zwiebel
80 g geröstete, gesalzene Erdnüsse
250 g Reis-Vermicelli
3 EL Röstzwiebeln
(Fertigprodukt)

Das Fleisch trocken tupfen und in dünne Scheiben schneiden. Strunk und oberen Teil vom Zitronengras wegschneiden, die unteren 10–12 cm längs halbieren und in feine Streifen schneiden, diese möglichst fein hacken. Knoblauch schälen und sehr fein würfeln oder hacken. Beides mit Fisch- und ½ EL Sojasoße sowie dem Sesamöl mischen, das Fleisch untermengen und alles etwa 3 Stunden abgedeckt im Kühlschrank ziehen lassen, jedoch rechtzeitig vor dem Braten aus dem Kühlschrank nehmen und Zimmertemperatur annehmen lassen.

Inzwischen für das Dressing Zucker mit 200 ml Wasser unter Rühren erhitzen, bis sich der Zucker gelöst hat, dann abkühlen lassen. Chilischote samt Kernen in feine Ringe schneiden und diese fein hacken. Limettensaft mit Chili, Fischsoße, Essig und dem Zuckerwasser verrühren, etwas ziehen lassen.

Möhre schälen und in feine Julienne schneiden. Gurke längs halbieren und die Kerne herauskratzen, die Hälften in dünne Scheiben schneiden. Salatblätter übereinanderlegen und in schmale Streifen schneiden. Kräuterblätter abzupfen. Zwiebel schälen und fein würfeln. Erdnüsse sehr grob hacken.

Nudeln nach Packungsanweisung garen, in ein Sieb abgießen, kalt abspülen und abtropfen lassen, dann auf große Suppenschalen verteilen. Möhre, Gurke und Salat mit einem Großteil der Kräuter mischen und auf den Nudeln verteilen.

In einer beschichteten Pfanne oder einem Wok ausreichend Öl erhitzen, darin das Fleisch samt Marinade und Zwiebeln bei starker Hitze unter Rühren 2–3 Minuten braten. Mit der restlichen Sojasoße ablöschen und rühren, bis die Soße verkocht ist. Nach Wunsch leicht salzen, dann heiß auf dem Salat verteilen. Übrige Kräuter, Röstzwiebeln und Erdnüsse darüberstreuen. Kurz vor dem Essen mit dem Dressing übergießen und alles vermischen.

Banh-Mi-Baguettes
mit Nem-Nuong-Fleischbällchen

Für die Nem-Nuong-Fleischbällchen Knoblauch schälen und klein schneiden. Mit den übrigen Nem-Nuong-Zutaten (bis auf das Öl) und 1–2 EL Wasser im Blitzhacker zu einer glatten Masse verarbeiten und abgedeckt 3 Stunden kühl stellen.

Den Backofen auf 200 °C vorheizen. Die Hackfleischmasse mit eingeölten Händen zu 8 kleinen Fleischbällchen formen und auf den mit Backpapier ausgelegten Rost legen. Im Ofen 20 Minuten garen, dabei gegen Ende für eine leichte Bräunung gegebenenfalls den Grill dazuschalten.

Inzwischen Möhren und Rettich schälen und in Julienne schneiden. Mit Essig und etwas Salz mischen und beiseitestellen. Gurke längs halbieren, die Kerne entfernen und die Hälften in dünne Stifte schneiden. Kräuterblätter abzupfen. Jalapeño-Schoten in Ringe schneiden, dabei entkernen.

Mayonnaise mit der Sriracha-Soße mischen. Baguettes halbieren, dann jedes Stück waagerecht aufschneiden und alle Hälften mit der Sriracha-Mayo bestreichen. Die Fleischbällchen aus dem Ofen nehmen. Den Backofengrill (falls nicht schon vorher geschehen) einschalten. Die Baguettes mit den bestrichenen Seiten nach oben auf den Rost legen und überbacken, bis die Ränder leicht gebräunt sind, dann herausnehmen.

Die Unterseiten der Brote belegen: Zunächst die Hälfte der Kräuter, die Gurkenstifte und die Nem-Nuong-Fleischbällchen übereinanderschichten. Dann marinierte Möhren, Rettich, Jalapeños sowie restliche Kräuter darauflegen. Die Oberseiten der Brote aufsetzen, leicht andrücken (evtl. mit Holzspießen fixieren) und mit der übrigen Sriracha-Mayo servieren.

FÜR DIE NEM-NUONG-FLEISCHBÄLLCHEN:
4 Knoblauchzehen
500 g Schweinehackfleisch (aus durchwachsenem Fleisch)
30 g Rohrohrzucker
2 EL Fischsoße
1 EL geröstetes Reispulver
1 TL Backpulver
½ TL Salz
1 TL frisch gemahlener schwarzer Pfeffer
einige Tropfen rote Lebensmittelfarbe (nach Belieben)
Öl zum Verarbeiten

AUSSERDEM:
80 g Möhren
80 g Rettich
1 ½ EL Reisessig
Salz
½ Salatgurke
½ Bund Koriandergrün
½ Bund Minze
2 Jalapeño-Schoten
125 g Mayonnaise
2 EL Sriracha-Soße
2 kleine Baguettes

Für 4 Personen als Hauptspeise

Pho
mit Rindfleisch

Für 4 Personen als Hauptspeise

3 Schalotten
1 walnussgroßes Stück Ingwer
700 g Suppenknochen (vom Rind)
1 grüne Kardamomkapsel
½ Zimtstange
2 Sternanis
2 Nelken
250 g Rindersteak (mager; z. B. Sirloinsteak)
2–3 EL Fischsoße
1–2 TL Rohrrohrzucker
Salz
frisch gemahlener schwarzer Pfeffer
300 g vietnamesische Reisnudeln (Banh Pho)
125 g Mungbohnensprossen
1 Bund Koriandergrün
1 Bund Thai-Basilikum
2 Frühlingszwiebeln
1–2 frische rote Chilischoten
1 Bio-Limette

Schalotten halbieren. In einer Pfanne ohne Fett mit den Schnittflächen nach unten rösten, bis diese stark gebräunt, fast schwarz sind. Ingwer in Scheiben schneiden.

In einem Topf 2 l Wasser zum Kochen bringen, Knochen hineingeben, kurz aufkochen lassen und in ein Sieb abgießen. Knochen wieder in den Topf geben, Schalotten und Ingwer zugeben, mit 2 ½ l Wasser bedecken und langsam erhitzen. Kardamom anstoßen. Sämtliche Gewürze in einer Pfanne ohne Fett leicht rösten, dann in die Brühe geben. Alles zum Kochen bringen, Schaum abschöpfen. Suppe offen bei schwacher Hitze ca. 2 Stunden köcheln lassen, dabei immer wieder Schaum abschöpfen. Steak im Tiefkühlfach anfrieren.

2 EL Fischsoße und 1 TL Zucker unter die Suppe rühren, salzen und erneut 1 Stunde leise köcheln lassen. Fertige Suppe durch ein mit einem sauberen Küchentuch ausgelegtes Sieb passieren und auffangen. Gegebenenfalls etwas Fett abschöpfen. Mit Fischsoße, Zucker, Salz und Pfeffer kräftig abschmecken. Fleisch aus dem Tiefkühlfach nehmen, in sehr dünne Scheiben schneiden und Zimmertemperatur annehmen lassen.

Nudeln nach Packungsanweisung garen. Aus dem Wasser heben, kurz in einem Sieb abtropfen lassen, dann auf vier große Suppenschalen verteilen. Sprossen im kochenden Wasser 1–2 Minuten blanchieren. In das Sieb abgießen, abtropfen lassen und ebenfalls auf die Schalen aufteilen. Das Fleisch fächerförmig darauflegen.

Kräuterblätter abzupfen. Frühlingszwiebeln putzen und in feine Ringe schneiden. Chilischote(n) samt Kernen in feine Ringe schneiden. Limette vierteln. Kräuter, Frühlingszwiebeln, Chiliringe und Limettenviertel auf Tellern anrichten. Suppe erneut zum Kochen bringen, dann über Nudeln und Rindfleisch schöpfen, sodass dieses darin knapp gar zieht. Bei Tisch Kräuter, Frühlingszwiebeln und Chiliringe darüberstreuen und mit Limettensaft beträufeln.

REZEPTVERZEICHNIS

A

Ananas-Pachadi *(Indien)* **23**
Auberginen-Dal *(Indien)* **24**
Auberginen, gefüllt *(Türkei)* **137**

B

Banh-Mi-Baguettes mit Nem-Nuong-Fleischbällchen *(Vietnam)* **149**
Beef Stew *(Mexiko)* **94**
Bohnen-Tostadas mit Guacamole *(Mexiko)* **90**
Briouats mit Ziegenkäsefüllung und Gewürzhonig *(Marokko)* **73**
Burrata mit halbgetrockneten Tomaten *(Italien)* **45**

C

Cachumbar *(Indien)* **25**
Chicken Biryani *(Indien)* **16**
Couscoussalat mit Harissa-Garnelen *(Marokko)* **74**

D

Dashibrühe *(Japan; Tipp)* **62**

F

Falafeln mit Tahina-Soße *(Israel)* **37**

G

Garnelen-Tacos mit Papaya-Salsa *(Mexiko)* **89**

H

Hackfleischsalat mit Möhren und Spitzkohl *(Thailand)* **117**
Harira mit Lamm *(Marokko)* **78**

K

Kichererbsen-Topf mit Chorizo *(Spanien)* **106**
Klebreis *(Thailand; Tipp)* **117**
Kokossuppe mit Huhn *(Thailand)* **118**

L

Lamm Vindaloo *(Indien)* **20**
Lamm-Kufta mit Hummus *(Israel)* **38**
Lauch-Käse-Pide *(Türkei)* **133**
Linsensuppe, rot, mit Möhren und Kartoffeln *(Türkei)* **129**

M

Madras Fischcurry *(Indien)* **19**
Maiskolben, gegrillt *(Mexiko)* **86**
Malawach-Fladenbrote *(Israel)* **33**
Mango-Gurken-Salat *(Thailand)* **114**
Masoor Dal mit Paneer *(Indien)* **15**
Misosuppe mit Shiitakepilzen und Pak Choi *(Japan)* **62**

N

Negima-Yakitori-Spieße *(Japan)* **58**
Nudeln, gebraten *(Thailand)* **121**
Nudelsalat mit Rindfleisch, lauwarm *(Vietnam)* **146**

O

Ossobuco-Ragout mit Gremolata *(Italien)* **53**

REZEPTVERZEICHNIS

P

Paella mit Garnelen und Merguez *(Spanien)*   109
Pancakes, vegetarisch *(Vietnam)*   145
Paratha *(Indien)*   25
Patatas bravas mit Safran-Aioli *(Spanien)*   101
Pho mit Rindfleisch *(Vietnam)*   150
Pimientos de Padrón *(Spanien)*   101
Pintxos mit Jakobsmuscheln *(Spanien)*   101
Pizza bianca mit Salsiccia und Peperoni *(Italien)*   50
Pulled Salmon Ramen *(Japan)*   66

R

Rindfleisch-Tajine mit Aprikosen *(Marokko)*   81
Rotkohl, mariniert *(Israel; Tipp)*   38

S

Schweinefleisch-Gyoza mit Chili-Dip *(Japan)*   65
Shakshuka *(Israel)*   30
Shawarma Style Chicken mit israelischem Couscous und Labneh *(Israel)*   34
Şiş Kebab mit türkischem Tomatensalat und marinierten Zwiebeln *(Türkei)*   134
Sommerrollen mit Hoisin-Erdnuss-Dip *(Vietnam)*   142
Spargel im Prosciutto-Mantel *(Italien)*   46
Spinat-Gnocchi mit Salbei-Nuss-Butter *(Italien)*   49

T

Tacos mit knusprigem Schweinefleisch und Ananas *(Mexiko)* 93
Tapas, gemischt *(Spanien)* 101
Thai-Curry, rot *(Thailand)* 122
Thali, vegetarisch *(Indien)* 23
Thunfisch-Spieße auf Orangensalat *(Marokko)* 77
Tortilla mit Serrano-Schinken *(Spanien)* 102

V

Vegetarisches Thali *(Indien)* 23

W

Wasabi-Sushi-Rollen mit Soja-Dip *(Japan)* 61
Wolfsbarsch mit Runzelkartoffeln und Mojo verde *(Spanien)* 105

Z

Zhug *(Israel)* 33
Zitronenreis *(Indien)* 24
Zucchini-Möhren-Puffer mit Cacık *(Türkei)* 130

REGISTER

A
Algen 61, 62
Ananas 23, 93
Anis 71, 73, 74, 77, 81, 150
Apfel 101
Aprikose 81
Aubergine 23, 24, 122, 137
Avocado 61, 89, 90, 101

B
Balsamico 45
Bambussprossen 122
Barsch 105
Basilikum 43, 45, 50
Blutampfer 16
Bockshornklee 25
Bohnen 90, 109, 114
Brokkoli 122

Burrata 45
Butter 33, 46, 49, 53, 86, 105

C
Cashew 25
Cayennepfeffer 34, 37, 38
Chili 15, 16, 19, 20, 23, 24, 25, 30, 61, 65, 78, 85, 86, 89, 90, 93, 94, 105, 113, 114, 117, 118, 121, 122, 137, 141, 142, 145, 146, 150
Chipotle 85, 93, 94
Chorizo 106
Couscous 34, 74
Curryblätter 12, 15, 19, 23, 24, 25
Currypaste 20, 112, 122

D
Datteln 73
Dill 34, 130, 133

E
Eier 30, 49, 66, 73, 101, 102, 121, 130, 133, 134
Erdnuss 114, 121, 142, 146

F
Feta 86, 133
Fischsoße 114, 117, 118, 121, 140

Frühlingszwiebel 58, 61, 62, 65, 66, 90, 117, 118, 130, 134, 141, 145, 150

G
Galgant 113, 118, 122
Garnelen 74, 89, 109, 114, 121, 142
Ghee 15, 16, 20, 24, 25
Granatapfel 38
Gurke 25, 34, 61, 114, 130, 134, 142, 146, 149

H
Hähnchen 16, 34, 58, 118
Harissa 70, 74, 77
Hoisinsoße 142
Honig 34, 37, 38, 45, 73, 74, 77, 105, 106, 137

I
Ingwer 15, 16, 20, 23, 65, 66, 78, 81, 150

J
Jalapeño 90, 149
Joghurt 16, 23, 34, 86, 129, 130, 133

K

Kaffirlimettenblätter 113, 118, 122
Kalb 53, 134
Kardamom 13, 16, 20, 34, 37, 150
Kartoffel 101, 102, 105, 106, 129
Kaşar 130
Kichererbsen 37, 38, 78, 106
Knoblauch 15, 16, 19, 20, 23, 34, 30, 34, 37, 38, 42, 45, 46, 49, 50, 53, 58, 65, 74, 77, 78, 81, 86, 89, 90, 93, 94, 101, 105, 106, 109, 114, 117, 118, 121, 122, 129, 130, 133, 134, 137, 142, 145, 146, 149
Kohl 38, 65, 114, 117
Kokos 23, 24, 118, 122, 145
Koriander 15, 16, 19, 20, 24, 25, 30, 34, 37, 77, 78, 81, 84, 86, 89, 90, 93, 94, 105, 117, 118, 122, 141, 142, 145, 146, 149, 150
Kresse 58, 62, 66
Kreuzkümmel 16, 20, 23, 24, 25, 29, 30, 34, 37, 38, 77, 78, 81, 84, 90, 93, 94, 105, 122, 127, 129, 134, 137
Kurkuma 13, 16, 19, 20, 23, 24, 25, 109, 145

L

Lachs 66
Lamm 20, 38, 78, 109, 134
Lauch 78, 133
Limette 15, 19, 24, 25, 61, 85, 86, 89, 90, 93, 94, 114, 117, 118, 121, 122, 140, 145, 146, 150
Linsen 15, 24, 78, 129
Lorbeerblätter 53, 94, 99, 106, 109

M

Mais 86
Mandarine 61
Mandeln 16, 20
Mango 114
Merguez 109
Minze 15, 19, 20, 24, 74, 117, 127, 129, 130, 141, 142, 145, 149
Mirin 56, 58, 61, 62, 65, 66
Miso 56, 62
Möhre 53, 74, 78, 117, 122, 129, 130, 142, 145, 146, 149
Mozzarella 50
Mungbohnensprossen 121, 145, 150
Muscheln 101
Muskat 49

N

Nelken 12, 16, 20, 94, 150
Nudeln 66, 121, 142, 146, 150

O

Olive 77, 102
Orange 77, 93
Oregano 50, 53, 90, 94

P

Pak-Choi 62
Paneer 15
Papaya 89
Paprika 30, 74, 77, 109, 129, 134, 137
Parmaschinken 46
Parmesan 49
Pecorino 46
Peperoni 43, 45, 50
Petersilie 28, 30, 34, 37, 38, 53, 74, 77, 78, 81, 98, 101, 102, 105, 106, 109, 126, 129, 130, 133, 134, 137
Pilze 62, 65, 118, 145
Pimentón de la Vera 98, 101, 102, 105, 106, 109

REGISTER

Pimientos de Padrón 101
Pinienkerne 38, 46, 73
Pistazien 74
Pul Biber 127, 129, 130, 133

R
Ras-el-Hanout 71, 74, 77, 81
Reis 16, 24, 25, 61, 109, 117
Reisessig 61, 65, 66, 142, 145, 146
Reisfeld-Pflanze 146
Reisnudeln 121, 142, 150
Reispapier 142
Rettich 149
Ricotta 49, 50
Rind 81, 94, 134, 137, 146, 150
Rosinen 16, 74, 78
Rosmarin 45, 53, 99, 101, 102, 105, 106, 109
Rucola 34

S
Safran 16, 71, 74, 78, 81, 99, 101, 106, 109
Sake 56, 58, 66
Salat 61, 142, 145, 146
Salbei 43, 46, 49, 53
Salsiccia 50
Schmand 133

Schwarzkümmel 33, 133
Schwein 142, 149, 65, 93, 117
Sellerie 53, 78
Senfsamen 13, 15, 19, 23, 24, 25
Sesam 28, 37, 38, 57, 58, 65, 66, 127, 133, 134
Sesampaste (Tahina) 28, 37, 38
Sojasoße 57, 58, 61, 62, 65, 66, 122, 145, 146
Spargel 46
Spinat 49, 66
Sriracha-Soße 142, 149

T
Tamari 57
Tamarindenpaste 121
Thai-Basilikum 113, 114, 117, 122, 141, 142, 145, 146, 150
Thunfisch 61, 77
Thymian 45, 53, 94, 134
Tofu 62, 121, 122
Tomate 15, 16, 19, 24, 25, 30, 34, 45, 50, 53, 78, 81, 90, 94, 106, 114
Tortilla 89, 90, 93

W
Walnuss 49
Wasabi 57, 61
Wein 53, 109

Z
Za'atar 28, 34, 38
Ziegenkäse 73
Zimt 16, 20, 34, 70, 73, 74, 78, 81, 94, 150
Zitrone 24, 25, 29, 30, 34, 37, 38, 43, 46, 49, 53, 73, 74, 77, 78, 81, 101, 105, 109, 129, 130, 133, 134
Zitronengras 118, 122, 140, 145, 146
Zucchini 74, 130

AUTOR

Martin Kintrup hat seine Lust am Kochen, Essen und Genießen zum Beruf gemacht. Als Autor und Redakteur arbeitet er für mehrere Verlage und schreibt seit 2004 fleißig Kochbücher – mal vegetarisch, mal vegan, mal mit Fleisch, immer gut gewürzt – zum Teil preisgekrönt. Für Spice Kitchen konnte er seiner Leidenschaft frönen und tief in die großen Würzküchen der Welt eintauchen.

DANK

Ich danke **Thorsten** für seine immerwährende Geduld, seinen nie zu stillenden Appetit nach neuen Rezepten und seine wertvollen Kritiken. Danke außerdem an Sabrina und Tanja für ihre großartige Unterstützung beim Eintauchen in die Länderküchen.

FOTOGRAFIN

Melina Kutelas startete ihre Karriere als Fashion-Stylistin in London, bis es sie 2014 wieder in ihre Heimatstadt Wien zog. Im Jahr 2015 gründete sie den Foodblog aboutthatfood.com und begann wenig später, als Food-Fotografin und -Stylistin zu arbeiten.

IMPRESSUM

5 4 3 2 1   23 22 21 20 19

978-3-88117-211-0
Rezepte: Martin Kintrup
Fotos: Melina Kutelas
Redaktion: Jasmin Parapatits
Lektorat: Katharina Wind
Gestaltung: Julia Hollweck
Satz & Litho: FSM Premedia GmbH & Co. KG, Münster

© 2019 Hölker Verlag in der Coppenrath Verlag GmbH & Co. KG
Hafenweg 30, 48155 Münster, Germany
Alle Rechte vorbehalten, auch auszugsweise

www.hoelker-verlag.de